高情商沟通

同理心的应用场景和解决方案

张国昕 ◎ 著

中华工商联合出版社

图书在版编目（CIP）数据

高情商沟通：同理心的应用场景和解决方案 / 张国昕著. -- 北京：中华工商联合出版社，2021.7
ISBN 978-7-5158-3023-0

Ⅰ. ①高… Ⅱ. ①张… Ⅲ. ①心理交往－通俗读物 Ⅳ. ①C912.11-49

中国版本图书馆CIP数据核字（2021）第081512号

高情商沟通：同理心的应用场景和解决方案

作　　者：	张国昕
出品人：	李　梁
责任编辑：	吴建新　林　立
装帧设计：	水玉银文化
责任审读：	郭敬梅
责任印制：	迈致红
出版发行：	中华工商联合出版社有限责任公司
印　　刷：	北京毅峰迅捷印刷有限公司
版　　次：	2021年7月第1版
印　　次：	2023年1月第3次印刷
开　　本：	710mm×1000mm　1/16
字　　数：	170千字
印　　张：	14.25
书　　号：	ISBN 978-7-5158-3023-0
定　　价：	45.00元

服务热线：010-58301130-0（前台）
销售热线：010-58301132（发行部）
　　　　　010-58302977（网络部）
　　　　　010-58302837（馆配部、新媒体部）
　　　　　010-58302813（团购部）
地址邮编：北京市西城区西环广场A座
　　　　　19-20层，100044
投稿热线：010-58302907（总编室）
投稿邮箱：1621239583@qq.com

工商联版图书
版权所有　侵权必究

凡本社图书出现印装质量问题，
请与印务部联系。

联系电话：010-58302915

序言

15年前，我给浙江的一家医药企业上了一堂"同理心沟通技巧"的课程。

课后，老板葛总对我感慨道："原来沟通背后还有这么多道理呀！我经营企业几十年了，要是早听到这些知识，无论是我个人还是我的公司，都会少遇到很多问题了！"

听她这么讲，我深受鼓舞。从此，她的赞赏就成了我专注于沟通领域研究和授课的持续动力。这些年我在浙江大学不断分享这堂课程的同时，从未停止过对这个课题的探索。

的确，相对企业管理的其他板块而言，沟通似乎是一个"小课题"。不过我们仔细想想，企业管理最终是一门处理人与人之间关系的学问。因此，从根本上来讲，无论哪个管理板块都离不开良好的沟通。"小课题"由此也成了炙手可热的"香饽饽"，是老板、高管和员工都绕不开的必学知识。

那么，如何才能获得这些知识呢？

正所谓"道不远人"，如果大家有心的话，就会发现这些沟通知识恰恰隐藏在日常生活之中。比如，有时我们的某些表达会受到别人"您真会讲话"的夸奖，其实那一刻我们或许就无意中运用了这些沟通知识——恰当的情绪状态、感情真挚、用词得体等，只是"日用而不知"罢了。

这个现象提示我们，沟通知识是可以从日常生活、工作中学习和领会的。当然，仅如此还远远不够，我们依然很难做到每次与人沟通都相谈甚欢、畅快顺达。类似于《红楼梦》里面平儿看见王熙凤打人，就劝她"奶奶仔细手疼"这样的高情商沟通，毕竟是少数。想要获得更多的沟通知识，并将其逐渐变为我们的常备技能，需要的是多年的系统学习与刻意练习。

　　这也就是我创作这本书的初心——让更多的人学习、掌握高情商沟通的知识、方法和技巧。

　　基于这个初心，本书从"沟通的三种语言"讲起，指出沟通的最高境界是"无招胜有招"，深入剖析沟通的定义、过程，并在总结出沟通的两大要素是辨识和反馈之后，点明了错误、普通、良好与高明四种反馈类型及其具体体现与运用技巧。用最通俗易懂的语言，场景化、案例化展现高情商沟通的各类知识，力图让读者不仅看一遍就"懂"，而且看一遍就"会"——心领神会，马上知道该怎么做。

　　我坚信，这些知识有益于化解企业管理中常见的沟通障碍，并最终推动团队凝聚力的提升，进而提升企业的工作效能与增长效率。

　　当然，学会了这些知识与技巧并不能解决企业管理中的一切问题。《淮南子·人间训》云："万言万当，不如一默。"意思是说，每次说话都很得体，却不如沉默。或许，这应该是沟通的一种更高境界了吧！

　　让我们一起共勉！

作者

2021 年 5 月

目录

01 三种语言——全方位立体式沟通

"看"他说话 / 003

"示范"作用 / 005

三位一体 / 007

全方位调动 / 009

广告式语言 / 011

"表演"给他看 / 012

"念经"原则 / 013

自以为"非" / 015

重复的力量 / 016

"搞定"下属 / 017

管理的规律 / 019

管理的核心 / 020

02 魅力沟通——"无招胜有招"

增加"分量" / 029

讲话者何人？ / 030

名字是品牌 / 031

"德"行天下 / 033

无声胜有声 / 035

为什么生气？/ 037

比的是"实力" / 039

以德服人 / 040

留有"口德" / 041

"魅力"何来？ / 044

君子之心 / 045

03 沟通过程——内在决定外在

沟通过程 / 051

价值定位 / 052

素质修养 / 053

统一文化 / 055

三种氛围 / 057

四种感觉 / 058

"敢、愿、知" / 061

决策力 / 062

"两会" / 063

越级沟通 / 064

"传话筒" / 065

目 录

团队意识 / 067

胸怀有多大，格局就有多大 / 069

04 沟通定义——"赢了嘴就输了心"

达成共识 / 077

分享欲 / 078

四种选择 / 080

尊重感 / 081

安全感 / 083

信任感 / 085

坏人与好人 / 088

缺胆量 / 089

缺心情 / 090

缺胸怀 / 092

05 同理心——"感同身受，善解人意"

以小见大 / 097

感同身受 / 099

得失人心 / 100

如何定义？/ 102

两大区别 / 103

善解人意 / 104

第一准则 / 106

"欲速则不达" / 108

第二准则 / 110

"豆腐嘴，刀子心" / 111

06 解析沟通——"辨识与反馈"

两大步骤 / 119

辨识 / 120

捧场 / 121

满足别人 / 124

开口之前 / 125

上级需要你 / 127

下级需要你 / 127

平级需要你 / 129

反馈 / 131

职业化 / 132

07 错误的反馈——"致使对方受伤害"

不必批评 / 139

三个步骤 / 140

目 录

自我毁灭 / 142

重拾信心 / 144

聪明何来？ / 146

仁爱之心 / 147

士别三日 / 148

不够重视 / 149

讲话权利 / 150

最差老公 / 151

条件反射 / 153

自罚三杯 / 155

08 普通反馈——"没错，也不怎么对"

丑陋嘴脸 / 163

效率人生 / 164

出差回来 / 166

助人成长 / 167

调教员工 / 168

谁背黑锅？ / 169

良药苦口 / 170

仅表抱歉 / 172

盲目照做 / 173

只顾"自叙" / 175

09 好的反馈——"使对方觉得被了解"

情绪配合 / 181

借钱心理 / 183

怎样拒绝? / 184

吃"定心丸" / 186

满足当下 / 188

最佳回应 / 189

万能公式 / 190

全部认同 / 191

相敬如宾 / 193

良好的服务 / 194

10 高明反馈——"意想不到、喜出望外"

超乎想象 / 201

喜出望外 / 202

越简单越有效 / 203

高度默契 / 205

语言转换 / 207

对事不对人 / 210

给建议,不给主张 / 211

三明治沟通法 / 212

GAO QING
SHANG GOU
TONG

01
三种语言——全方位立体式沟通

"看"他说话

由于"知道"和"做到"之间的差距比较大，本着"即使知道也当作你不知道"的原则，我们来讲沟通中的三种语言——词汇语言、音调语言和肢体语言。

词汇语言是讲话的内容，在沟通中保证内容的正确性是基础。如果我们希望传达信息时，给听众产生的作用力是100%的话，词汇语言的作用力只占到7%，这就是我们常常自认为说了一句非常正确的话，对方却怎么都听不进去的原因所在。父母对子女，老师对学生，说出去的话从内容上讲完全正确，简直就是真理，可他们就是左耳进右耳出。其中一个原因就是说话的人只注重了内容的正确性，却没有合理地运用音调语言和肢体语言。

在讲话中，只注重词汇语言，还是远远不够的。

音调语言是讲话时对声音的运用，一般注重轻重缓急、抑扬顿挫。语速该快的地方要快，该慢的地方要慢；语气该加重的地方要加重，该放轻的地方要放轻。"轻重缓急"反映的是讲话的节奏和逻辑，帮助听众划好重点，方便听众理解。语调"抑扬顿挫"，目的是使语言听起来悦耳，讲话声音不在于大小，而在于是否抑扬顿挫。如果永远一个调门，即使声如洪钟，时间一久，听众也会疲劳犯困，有人能在飞机上睡着就是有力证明。讲话总是一个音调，别人听久了也就麻木了，所以我们讲话时千万不要用同一个语调。

音调语言在传达信息时产生的作用力占 38%。为什么作用力相对较大呢？在现实中你会发现，如果讲话的语气不对，常常比内容更加伤人。有时候决定一句话表达效果好坏的并不是内容，而是语气，说"我爱你"的时候，如果语气不对，对方完全可以听出"你厌恶我"的意思。

肢体语言是听众视觉上看到的"你的一切表现"，包括形象气质、态度表情、精神状态、站姿手势、眼神动作等。肢体语言在传达信息时产生的作用力占 55%。为什么作用力最大？你有没有发现，在现实中，一个鄙视厌恶的眼神，其杀伤力胜过千言万语。从生理特性上讲，"人们受到视觉上看到的东西的影响，远远大于听觉上听到的东西"。如果你在众人面前讲话，希望大家打起精神，不能平淡地说一声："希望你们打起精神。"你要先拿出听众看得见的良好状态，用振奋人心的语调说一句话，听众才可能振奋起来。其中最大的原因是他们"看"到了你的状态，并由此受到了感染。

在公司年会上，叶涓涓担任主持人。

会议前需要跟大家做一个小小的互动，她站在台上边示范边说："请大家把右手上的东西全部放下，跟我一样伸出右手，平伸在身体的前方，所有人看着我。"大家都照做了，她问道："准备好了吗？"众人齐声回答："好了！"她立即加重语气说："请听口令！请大家把右手放到自己的额头上！"与此同时，她的右手迅速放到了自己的下巴上，大多数人跟她一样把右手放在了下巴上。等大家反应过来后，全都哈哈大笑。涓涓分享道："为什么我要求大家把手放在额头上，大多数人都放在下巴上了呢？"停顿了一下，她解释道："因为我站在台上做了一个误导性动作，大家都在看着我怎么做，自己却没有动脑去想。"

为了让大家感受再深一点，她接着做了一个类似的互动。这次她要求大家快问快答，首先她伸出一根手指，问大家："这是几？"所有人一起回答："1！"她再伸出两根手指头，问大家："这是几？"所以人再一起回答："2！"接下来她在伸出三根手指的同时，迅速问大家："1+1等于几？"所有人异口同声地回答："3！"为什么明明有了前面的教训，大家还会回答"1+1=3"呢？

这个例子再次证明，人们受到视觉上看到的东西的影响，远远高于听觉上听到的内容。

"示范"作用

"看"的作用力远大于"听"。在管理的过程中，"员工更多的不是听你怎么说，而是看你怎么做"。员工刚成为你的下属时，业务能力低和你没有关系，几个月后能力却一点都没有提高，那就是你的问题了，因为员工的行为是管理者"示范"之后的结果。

管理者的行为通过以下几个方面，全方位影响员工，包括但不限于你的风度、胸怀、格局、睿智、坚韧不拔、成熟稳重以及一言一行。身先足以率人，律己足以服人，上司要下属服从指令并不困难，有一个有效方法就是以身作则。领导者应该是被学习的榜样，不是被赞扬的对象。给别人树立学习的榜样并不是一件容易的事情，那意味着必须时时刻刻加强自我管理能力，意味着要磨砺诸如勇气、诚实、随和、不自私自利、可靠等个人品格特征，意味着坚持道义，甚至当这种坚持需要你付出很高代价的时候，也要继续坚持。

高情商沟通

　　任何一个团队对于它的领导者来说，都是一面准确反映其观点、力量、信心、忧虑和缺点的镜子。你必须在你所说和所做的事情中为你的下属树立起一个标准，让他们学习，除了你的专业知识、工作态度之外，你精神和肉体的忍耐力也要超越你的下属。

　　你必须控制自己的情绪，不能在下属面前喜怒无常，不能在下属面前流露悲观情绪；你必须乐观向上，对工作充满热情。作为团队领导，不论做任何事，都应该显得比下属更成熟老练，更有礼貌，更能保持自己的风度和尊严。所谓成熟老练是指在不冒犯任何人的前提下，适时地把话说得圆满或把事情做得得体的一种能力。当你与老练的人打交道或处理棘手事件的时候，就需要机智灵活、成熟稳重，遇事要针对具体情况，始终保持敏锐而清醒的公正之心。要想做到成熟老练，你必须深刻理解人性，要设身处地为他人考虑。礼貌也是处世成熟老练的一部分，一个彬彬有礼、风度翩翩的领导，才是下属心目中最完美的上司，甚至成为他们的偶像。

　　有时候你会跟下属说："现在是下班时间，我们不再是上下级关系了，只是单纯的朋友。"你说这样的话是想让下属放松下来，展现他的真实自我。但管理者自己要保持清醒的头脑，跟下属在一起永远没有所谓的下班时间。你的一言一行照样还在"示范"，影响着你的形象，如果管理者真的想彻底放松自己，就去找自己的朋友吧。跟下属在一起，哪怕是私人聚会，唱歌也要唱充满正能量的，喝酒绝不能耍酒疯，对服务员要礼貌尊重，付款时要大大方方。员工总是在用放大镜看你，看平常领导他们的那个人什么时候会犯错。如果私下场合中的言谈举止过头了，工作时的形象同样受损。可能当你义正词严讲话时，他们心里想到的却是你猥琐邋遢的样子。

有些管理者为了保持自己的形象，会刻意拉开与下属的距离，尽量避免跟他们在一起。有这种做法的管理者，说明他对管理还没有入门。管理者如果能管好自己，经常跟员工在一起，不仅不会降低领导力，还能有更多的时间了解下属，带动下属变得更好。

为什么父母对孩子的影响大于老师呢？因为老师在学校讲的内容，孩子会在父母的行为中进行验证。如果两者不一致，孩子会出现三种结果：从此只听老师的，从此只听父母的，从此谁的也不听。因为大人对待一个问题都没有统一标准，孩子就更不知道该听谁的了。老师是讲给他听，父母是做给他看，他受到视觉上的影响更大。想让孩子情商高，父母的情绪要稳定；想培养孩子的学习力，父母要时常捧起书。所谓"活到老，学到老"，不学习的人，"持续竞争力的生命"已经消失了。不能整天对孩子喊口号"你要好好读书啊，我们家未来就指望你了"，然后自己瘫在沙发上刷视频。等孩子成绩不好时，就指责他为什么不听话。你作为家长一点"榜样的力量"都没起到，只会时不时地吼几句，孩子就能好好学习了？那培养孩子是不是太简单了？让孩子听话是"听"不进去的，但是他会"看"、会模仿。你说给他听，不如用你"勤奋、用心、上进"的实际行动做给他看，同时用语言引导他，说服力就强多了。自己过去、现在和将来都做不到，只会要求孩子做，那不是空口说白话吗？作为家长一定要牢记：生育能力是天然的，养育能力却是后天修炼的。

三位一体

信息传达者不仅需要保证讲话内容的正确性，还要学会运用适当的语气和表达方式，只有把这三种语言合理地融合在一起，沟通的作用力才能达到百分之百。想象一下，一个人讲话的内容与音调语言、肢体语言不一致，会产生怎样的效果？比如，你想让一个人放松下来，却用力推一下他的肩膀，然后严厉地说："别紧张，怕什么？！"或者你拍着桌子训斥道："在我面前，你慌什么？"这时你就会发现，虽然你说话的内容是告诉对方不要紧张，但是效果很差，对方更多受到了音调语言和肢体语言的影响，变得更加紧张了。如果有人总是这么讲话，难免会引起周围人的反感，严重一点的还可能被误认为有人格分裂的症状。当你演唱"我等得花儿也谢了"这样忧伤的歌曲时，却表现出欢快的语调、灿烂的笑容，会不会让人感觉口是心非？与人握手时，嘴上说着"你好你好，欢迎欢迎"，语气却很随意，眼睛看向其他地方，会不会让人感觉自己并不受欢迎？这些都是"分裂"的表现。

因此，沟通时三种语言的运用要统一融合、相互匹配。讲话不再是单纯的讲话，准确的描述应该是三种语言三位一体、全方位立体式传递信息。这样信息传达出去，作用力和影响力是最大的，对方听进去的程度最高。听话不只是听，更要去看。我们常说"你看看那个人是怎么说的"，而不是"你听听那个人是怎么说的"。为什么是"看"而不是"听"？因为我们要看他说话时的肢体语言，包括态度、表情等，只有通过这些才能判断对方是否真诚，才能知道他讲话的真正意思。

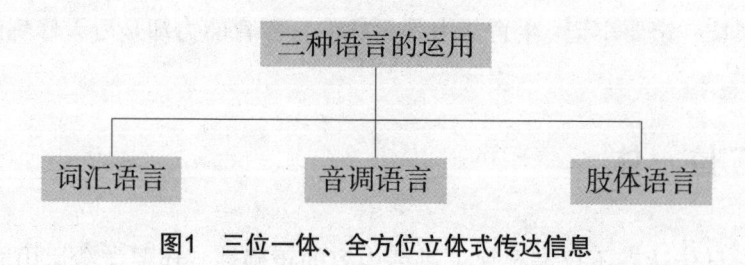

```
        三种语言的运用
       /      |       \
   词汇语言  音调语言  肢体语言
```

图1　三位一体、全方位立体式传达信息

全方位调动

演讲是一对多的沟通。如果演讲稿内容已经确定，真正体现演讲水平的是什么？是演讲者对音调语言和肢体语言的运用——只有对内容深刻理解和掌握，才知道怎样运用音调和肢体语言，才能呈现出最好的逻辑性和节奏感。演讲从来不是简单的语言艺术，它同时体现出表达者的"人生阅历，对人性的洞察，以及自身思想的高度"。否则，演讲者将传达不出应有的感觉，掌握不了适当的节奏，体现不出语言的力量。

集团每年会为新任职的主管举办企业文化训练营，使他们成为文化的践行者和传播者，今年的训练营安排在杭州西溪湿地，依旧是为期五天的封闭式训练。参加训练营的所有人员两个月前就拿到了一份八页纸的《公司文化译释》，要求大家全部背下来，然后依照内容，一字不改地脱稿演讲。你不征服稿子，就会被稿子征服。演讲者不仅要倒背如流，还要深刻理解内在的含义，如果对企业文化理解不够透彻，肯定不能很好地运用音调语言和肢体语言，演讲就达不到震撼人心的效果。这是一场所有人的演讲内容都一致的比赛，考验的是对内容的熟悉程度、理解程度和呈现方法。看谁的演讲最具感染力，最能够打动听众，最大限度地传递出企业文化的内涵。

演讲首先是"备"出来的，从内容到演绎方式，都需要做好精心准备。其次是"背"出来的，把一篇连标点符号都经过精心考量的演讲稿背熟，再用最好的方式演绎。正式演讲时，内容上不允许自由发挥，要做到"先固化，再优化"。接下来的两个月，大家一边上班，一边随身携带演讲稿，抓紧一切时间熟悉内容，同时还会向前辈请教，帮助自己理解企业文化。平时工作很忙，很多人喜欢利用休息时间去室外演练，因此，无论是晚上还是周末，在杭州的北高峰、灵隐寺、植物园和浙大校园，都留下了很多人练习演讲的身影。这种练习不能默诵，必须像正式演讲一样，形成音调记忆、肌肉记忆。只有这样，万一在演讲中出现大脑空白时，凭着多次练习的惯性，也能跳过背诵盲区接着讲下去。而且为了练胆量，人越多的地方，练习效果越好。

在一个周末，苏青开车去了萧山的一家度假村，很多人在那里钓鱼。鱼塘中间有一条小道，把整个水域分为东西两块，他在中间小道上来回走动，对着稿子大声朗读。正在全情投入之际，突然来了一位中年农妇，手持竹竿满面怒容地冲他嚷道："不要在这里大喊大叫的，鱼都被你喊跑了，快走快走……"苏青只好落荒而逃，开着车另找地方继续练习。

就这样持续了两个月，终于迎来了考核的日子，也是众位选手"百花齐放"的日子。虽然大家在同一家公司，受到同一种文化的熏陶，用的也是同一篇稿子，结果在台上演讲的时候，却状况百出。年纪轻、阅历浅的小朱主管，对内容倒是很熟练，只是从演绎方式上就能看出，他对企业文化的理解比较肤浅，都是表面上的东西，触及不到灵魂。有一位评委的点评非常深刻，他跟胖乎乎的小朱主管说："别看你把稿子背得挺熟练，其实有很多地方你自己都不明白是什么意思。你的肚子圆圆的，可是明显'没吃饱'啊！"年纪长、阅历深的主管，在对内容同样熟练的情况下，演绎方式就完全不一样了。表现最突出的是谢兰，她用最好的音调语言和肢体语言，把企业文化的精髓淋漓尽致地表达出来，传递给在场的每一位同事，进入了所有人的内心。

实际上，怎样把文字背后的情感和意义合理地融合在表达时的语气语调和手势动作里，没有一定的人生阅历和理解能力是做不到的。正如同样一首诗歌，让拥有不同阅历的人朗诵，一定会展现出不同的感觉。有的震撼人心，引起极大的共鸣；有的平淡无奇，听过即忘。我们在一对多传达信息的时候，需要全方位调动起自己的身心灵，把自己最深刻的理解用最有力的方式展现出来，听众才能热泪盈眶，才能不由自主地鼓起掌来。

广告式语言

说起广告，我们常常有这样的想法：为什么有些广告那么夸张？方便面广告、汽车广告、化妆品广告……从演员服饰到说话方式无不夸张至极。其实，夸张的手法只是为了在最短的时间内，让人印象深刻，吸引更多人的关注，最大限度地给观众留下印象，也就是我们常说的"占领心智"。

我在杭州开车时，经常听交通广播电台，里面有各种广告，你似乎都能"听"出演播者的肢体语言夸张到什么程度。他们平时都是很严肃的节目主持人，可一旦播起广告来，好像完全变了一个人。他们插播的广告，是跟听众做空中交流，需要一定的穿透力。尤其是电视里播放的广告，那台词，那腔调，那动作，都在极尽所能地把你的注意力吸引过去。这种传达信息的方式和与观众沟通的方式，不是"说"，而是"表演"。

所以我想，世界上有一种语言，叫"广告式语言"，采取的就是表演的方法。像《红楼梦》里面的王熙凤，未见其人先闻其声，所传达的信息极具感染力。很多年前，有一个神州行手机卡的广告，只有六个字——"神州行，我看行"。这个广告之所以经典，主要是因为葛优用其特有的腔调和神态把这六个字"表演"了出来。作为观众，我们接收到的是好内容、好腔调、好神态的全方位感受，这个广告播放一遍就深入人心了。

在我的家乡小城，有一些商贩也很擅长广告式语言。有那么一位商贩，她每天站在堆满衣服的板车旁，用清脆的嗓音吆喝："厂家直销大减价，走过路过不要错过，过来瞧一瞧看一看。抓紧时间买啊，不买等会儿就买不到了，过了这个村就没有这个店了……"很多行人没有停下脚步——总有人对她兜售的东西不感兴趣，这很正常，但也总有人走上前来，一方面是相信了她的"广告"，一方面是想验证她的"广告"，满足自己的好奇心。有人想过来看看，但是正在匆匆赶路，这属于没时间的；还有的人说"这家伙吹牛呢，一件都没卖出去，还好意思这么说"。这位商贩并不在意那些人，广告继续做，台词继续吆喝，越来越夸张，越来越带劲儿。没过多长时间，有人看她喊得那么热情，闲着也是闲着，就走过来瞧瞧。再然后，随便看看的、心怀好奇的、兴趣不大的、真有需求的，各种人越聚越多。开始有人询问价格，她用最热烈的方式回答对方，同时也会让周围的人都听到这个让人心动的价格。有人买了一件，她一边收钱一边继续推销："这位大姐又买了一件，心动不如行动，抓紧时间买啊。存货不多，卖完为止啊！"一天下来，一车衣服果然一卖而空，她临收摊时还不忘跟周围的人说一句："我早就说了，不早点下手就买不到了呀！"

"表演"给他看

那位地摊老板十几年后成为家乡非常有名的企业家。有一次我问她："为什么你在一件都没卖的时候，就敢说再不买一会儿就买不到了？"她回答道："有人说我吹牛，但那可不是吹牛，那叫预告事实。我认为广告就是这样的，我既然敢说，就说明我有卖光的底气，就有人信。信的人越多就越有可能成为事实,后来的事实也证明了我的预测。"有了企业家的身份,她说话的分量就加重了几分,然后她又深刻地指出:"广告不是一打出来就强迫别人去相信的,而是要让人'将信将疑'。有一点怀疑,有一点相信,才会考虑尝试一下。'将信将疑'是成功的开始,说明有人注意到你了。不怕有人怀疑,就怕没人注意,越多的人注意,就有越多的人买。买了才会去用,用了才知道你的东西好,口碑才能最大限度地传播出去。做生意就是让全世界的人注意到你的产品,一部分人采取行动购买,也会带动更多的人关注。要记住一点,你不可能做所有人的生意。"

我终于明白,为什么有的人讲话会让听众感觉是在表演了,因为你讲话的内容再好,听众听不进去也不行。沟通是说与听的艺术之和,首先要会"说",运用"广告式语言"增强感染力。在我们的工作和生活中,仅靠讲话的内容吸引人的注意力是远远不够的。想让更多的人愿意听你讲,就必须这样"表演"给他看。但三种语言运用得过于夸张,没有把握好"度",又会让人感觉表演很假,那是过犹不及、适得其反的。所以我们说,讲话时要"声情并茂",杜绝平淡无味。也要牢记,讲故事不是"讲",而是"演"故事,这才能"抓"住人心,"抓"住观众的注意力。

"念经"原则

你知道麦当劳吗?他知道肯德基吗?知道的人肯定很多。为什么两家快餐店如此知名,还要变着花样不断做广告?这其中体现了两个原则,一是"不知道原则",你知道,我也要当作你不知道。然后是第二个原则,即"念经"原则,像念经一样反复让你听到看到。听多了看多了以后,原来你一年可能消费三次,现在就变成了五次,店铺的营业额就增加了。

有个知名的脑白金广告，从内容到形式，没有过多的创意和特点，很少有人喜欢，却因为总是出现在你眼前，一遍一遍循环播放，最后就实现了传播效果，让很多人掏钱购买。

沟通要产生作用，让对方从"听到"直至采取行动"做到"，需要这种"重复的力量"。想让你的某句话影响到别人，让他知道还不够，还要反复让他听到看到。听多了看多了，他就会不由自主地想到。日有所思，夜有所梦，如果连做梦都能梦到，这句话就已经进入他的思想深处了。也许某一天，他会突然顿悟，成长的过程总是前面缓慢累积，直至最后一瞬间产生顿悟。悟到了才会产生动力去做，只有采取行动，才会得到好处，才愿意分享出去，让更多的人受益。这就是听到、看到、想到、梦到、悟到、做到、得到的沟通流程。

"即使你知道—当作你不知道—反复让你听到看到—你会不由自主地想到—有时候会梦到—终于悟到—自发做到—得到好处—传播给更多的人"，沟通的有效性就是这样逐步加深的。有句话叫作"观念是被唠叨出来的"，听多了看多了，就能进入人的内心深处，成为固有观念，"观念"影响人的行为，行为决定结果。所以我们常常讲，先进的地区，首先是人的观念先进；落后的地区，观念也多是比较落后的。

"念经"原则

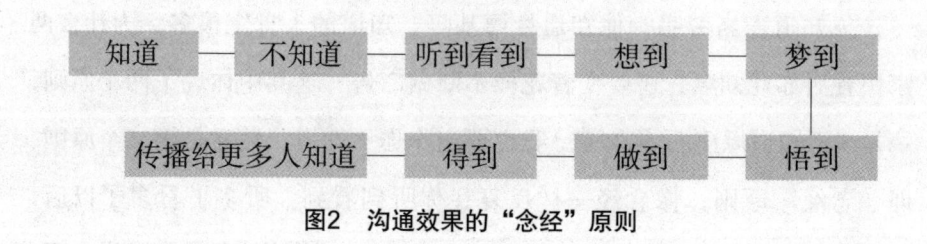

知道 — 不知道 — 听到看到 — 想到 — 梦到

传播给更多人知道 — 得到 — 做到 — 悟到

图2　沟通效果的"念经"原则

"人是社会的人，社会是人的社会"，这是一句老话，很多人都听过。那是不是所有听过的人都有深刻的感悟呢？当然不是。我曾经跟苏州大学的一位同学分享过这句话，这位同学激动地说："其实这句话我从小到大听过快一百遍了，只有您今天的分享，才真正让我从心灵深处有了触动。"我提醒他说："你可以感谢我这第一百次分享，也要感谢前面九十九次分享的人。没有前面九十九次心灵上的轻微触动，就不会有这第一百次给你的醍醐灌顶。"每一次的重复，都在推动对方从"听到"到"悟到"，再走向"做到"。

自以为"非"

如果你想要下属"做事认真一点"，怎样才能让他真正接受呢？你是主管，跟下属沟通过几次，但是他却一直没有改变，于是你放弃了。你的领导问你为什么不再跟他多沟通几次，你理直气壮地说："我跟他说过不下十遍了，一点效果都没有，这个人干什么都不走心，根本不开悟！"当你把对方定位成顽固不化的人，就给自己找了个借口。你会解释："跟他说再多都是废话，只有强迫他做才有用。跟他说了也白说，我再也不想去说了。我已经跟他说过很多遍了，这个人实在不好管……"你要明白，主管不能自以为是，而要自以为"非"，就是要敢于自我反省、自我否定。不能用对方的错来证明自己的对，而要用自己的对来证明自己的对。问题不在于兵，首先在于将。员工有问题，一定是主管身上有更大的问题。出现问题之后，怎样才能找到根源？要使真相水落石出，这个"石头"怎么才能出得来？关键是你在分析问题的时候敢不敢把自己放到问题之中。员工听不进去，没有做出改变，主管要具备"内向型思维模式"，一切问题向内看，找自己的问题，仔细看看自己哪些方面做得还不够好。

重复的力量

对于让员工"做事认真一点"这件事，不是讲一遍就能让他顿悟的。从"听到"到"悟到"，中间需要无数遍的重复，还要变着花样重复。你虽然说过不下十次，可是你没想过要说一百次，而且还要用不同的方式说。有时候你需要讲一个关于"认真"的故事，有时候需要借助案例说明，例如正好碰上因为下属因为不认真出了差错，你就要赶紧现场说明认真的重要性。如果只会嘴上强调："你要认真一点啊，希望你以后一定要认真……"你这样说几百次都没有用。完全寄托于希望就等于绝望，很多人不会做你希望的事情，只会做你检查的事情。你希望了很多次，却发现对方一点改变都没有，你先于他绝望了。

让一个人改变，哪有那么容易？要想员工真正"认真"起来，需要反复跟他讲，变着花样讲，反复检查他的工作成效，反复寻找他的转变，这就叫"重复的力量"，如此才能在这种事情上搞定下属。从理论上讲，只要你激励得当，没有人会拒绝成长。管理者只要有足够的耐心，"时间＋爱"就可以搞定任何人。你为什么愿意重复跟他讲，愿意讲一百次以上？因为你心中有爱。你决心改变他，让他变得更好，"爱"是你源源不断的动力源泉。带团队需要有这份心，一份真正让下属变好的"爱心"。

```
         搞定人
        /      \
   足够的时间    足够的爱
```

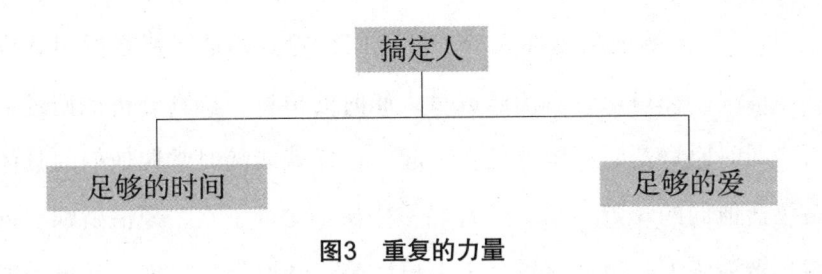

图3　重复的力量

"搞定"下属

管理到底是什么？"管"是什么意思？"理"又是什么意思？人都怕被管，"你凭什么管我？你不就是一个主管吗？不就比我早来几天吗"，几乎每个人都或多或少有这种逆反心理。管理是"管事、理人"，事要"管"好，人要"理"好。"理"就是调理好，要好好沟通，耐心调教。管理又是"先人、后事"，先搞定人，再搞定事。如果没有搞定人，什么事情都很难落实下去，而良好的沟通就是帮助你搞定人。

```
         管理的原则
        /         \
   管事、理人      先人、后事
```

图4　管理是有规律的

怎么证明你"搞定"了下属？举一个例子，你交给下属一个打印文件的任务，他马上去执行，没有任何疑问，也不会拖拉。当下属在你没有任何解释的前提下，因为信赖你，所以完全听从你的要求，并且能够立刻付诸行动，面对误会、委屈，他能够主动自我化解，拥有这种包容力、自愈力的时候，这个团队里的成员就被你"搞定"了。

"搞定"人的前提是你充分了解他们，团队领袖需要掌握团队成员的具体情况。你可以查看团队成员入职时的信息，认真分析他们过去的经历。同时愿意花时间跟他们在一起，这样就能随时掌握他们的具体情况，包括他们的年龄、学历、爱好、特长、父母子女、爱情婚姻、近期困惑、当前压力、短期打算、未来想法等。掌握得越详细，就越能够因势利导、有的放矢地跟他们沟通。很多主管一共就带十几个人，可对下属的详细情况却一问三不知，那他怎么能带好这个团队呢？管理者最大的悲哀是，员工都向你提出离职了，你才恍然大悟，原来他在半年前就有了离职的想法。为什么会出现这样的情况呢？因为你们虽然工作在一起，但是心没有在一起，你没有用心及时了解他们的心事。了解不能源于打探小道消息，实际上我们不允许团队里面互相打小报告，有什么事情都要和当事人当面沟通，这样的团队才是经得起考验的，团队氛围才是融洽积极的。只有你平时愿意跟员工打成一片，多跟他们在一起，才能经常交流，交流才能交心，交心才能知心。很多管理者不喜欢跟下属在一起，觉得没意思或者没有必要。如果你都没心思跟他们多在一起相处，那怎么能领导好他们呢？

用什么方法才能"搞定"下属？不同的人有不同的方法。只用"上司"这一种身份"搞定"所有下属，那是愚蠢的想法，因为有的人不吃"上司"那一套，你跟他强调你是上司，根本压不住他。有的人比较讲义气，你需要扮演"兄弟"的角色，看在"哥们儿"的情谊上，他愿意听从你的安排。有的人比较有上进心，特别尊敬帮助他成长的人，你就要做他的老师，在做人、做事两方面多教教他。从小缺少关怀的人，你就要把他当成自己的家人，给他温暖，他的心会被你收服。在关心他这件事情上，你可以做得比他家人更好。在外工作的人，即使家人知道他感冒了，只能叮嘱他多休息，多喝热水，自己去买点药来吃。你知道他感冒了，马上从抽屉里拿出一盒药，并亲自给他倒水，看着他吃下去。这不比家人做得更多吗？有的人比较懂规矩，认为领导就是领导，听领导的话是应该的，对于这种比较朴实的下属，你要扮演好"上司即领导"的角色，做到以身作则、公平公正就可以了。

你需要在不同的下属面前扮演不同的角色，运用不同的沟通方式，一一"搞定"他们。

管理的规律

你能"搞定"多少人呢？假设让你带五个人，你要充分了解他们，根据每个人的情况，扮演好不同的角色，采取不同的沟通方式，一个月不到，全部管理流程就能够捋顺。领导一看，你带五个人这么轻松，马上再给你增加几个人，你会怎么办？增加多少人都没关系，只要搞清楚管理的规律，队伍大小都能带好，所谓"韩信用兵，多多益善"。

同样是主管，我带十个人，你就带一个人，所以我的队伍肯定比你难带。有这种想法的人，在管理方面还没有入门。真正懂管理的人，知道带一个和带十个没什么差别。实际上，能管好一个下属的人，你让他管十个同样没问题。管不好十个下属的人，你让他管一个，也会出现这样那样的问题。

管理是有规律的，你能"搞定"一个下属，那么这种类型的下属，不论交给你多少，假以时日，你都有办法"搞定"。为什么你能和某个人成为朋友？因为你们身上的某些特质互相吸引，你们互相征服了对方，所以你们才能携手共进。

你带的人越多，承担的责任越大，职务自然跟着提升，这很符合"离场测试"的原理。什么是离场测试？就是你带领一个团队，通过一些方法让团队"管理很规范，人员很积极"，即使你离开这个团队一段时间，团队里的每个人同样会认真工作，甚至比你在的时候表现更好。这时候，领导就会给你增加人，面对一个更大的团队，你必须重新开始培训。经过一两个月，团队建设再次达到"你在与不在都一样"的程度，做到这一点，就证明你一定抓住了团队建设的核心，真正搞明白管理是怎么回事了。

管理的核心

什么叫真正搞明白了管理？就是你了解团队建设的"核心"。团队中存在各种问题，包括员工的敬业与忠诚问题、责任与创新问题。管理者要解决这些问题，首先要打好沟通的基础，有些管理者的做法就是拼命给员工做思想工作。

真正懂管理的人，首先从战略上抓住两个"度"。

第一个"度"是高度，也就是目标、愿景、梦想。管理者要清楚地告诉下属，如何才能做得更好，并且能够描绘出愿景，塑造出价值，激发下属努力去实现。人们会为了一个未来的、为时不远的巨大梦想，忍受眼前的苦与累。为了三五年后可预期的利益，眼前多付出一点，工资少拿一点，工作中有一些误会和委屈，员工都可以通过自我对话来解决自己的问题。这就是为什么有的领导脾气特别大，员工私下里恨得咬牙切齿，第二天依然心情美好地过来上班的原因，因为跟着这样的领导工作是有前途的。反过来一旦对未来失去希望，员工随时会因为对眼前的一些小事不满,马上就想离职。既然未来看不到希望,那我不看重眼前利益又要看什么呢?此时领导脾气再好也没用,因为员工跟随你,归根到底是为了美好的前程,不是只图平时你对我客客气气。当我们的管理者与下属沟通出现问题时,要学会用"未来"解决眼前的问题,目光不能始终停留在现在。

最好的管理者,是那种具有雄才大略,能够带领大家攻克一个又一个难关,实现一个又一个目标,取得一个又一个胜利,引领大家共同奔向美好前程的人。

第二个"度"是速度,即发展的速度。团队不能停下来,不能安于现状,因为"逆水行舟,不进则退"。团队必须保持持续发展的能力,不断完成目标,然后制定更高的目标。速度上来了,员工每天都很忙,忙着做事,忙着进步,没时间聊家长里短,也没时间考虑外面的诱惑,可以说是"速度治百病"。公司的效益要保持一定的增长速度,大多数问题就不会出现,出了问题也会很快被处理。如果公司的效益不增长,员工的生活质量没有提高,很多问题就会出现,团队氛围也就没有那么和谐了。这时团队就会"百病丛生",一会儿这个说离职,一会儿那个又说不干了。问题不断出现,你就会花大量时间去解决这些问题,不知不觉之中就会陷入问题的海洋里,循环往复,每天都忙着解决问题,但是每天都没有收获。到年底回头一看,团队没有任何发展。

用解决问题的方式消灭问题,得到的是层出不穷的问题。出现一个漏洞,就打一个补丁,这叫"治标不治本",会把你搞得焦头烂额,形成恶性循环。问题是永远解决不完的,发展中的问题要在发展中解决,甚至有些问题根本不用解决,在快速发展的过程中自动就解决了。团队本身在一定程度上有这种自愈能力,不用每个问题都特别看重,更不能事事都一竿子插到底。抓住管理的核心，想办法让"速度"提升上来，大部分问题会自动消失，团队就会进入良性循环之中。

团队管理中有三个维度的建设：机制、文化、制度。

好的团队首先要有好的机制。机制能够释放人的潜能，无论是谁，只要你达到条件，就能得到相应的回报。逻辑和规则非常清楚简单，不会因人而异，这符合马克思的劳动价值论，也就是"多劳多得"。在众多机制中最重要的是分配机制。一个优秀的企业，可以通过好的机制，充分调动每位员工的工作积极性，充分发挥每位员工的潜能，充分激发每位员工的斗志和才干。企业机制越好，员工与企业的协调性越好，企业越能在市场中占有分量，员工也能在工作中得到奖赏，从而实现互惠互利，共同发展。

但只要机制好就足够了吗？不一定。现实中有很多团队失败的原因往往也在于机制好，很多人才被吸引过来，但是企业经营难免有高潮低谷，生意有好做的时候，就有不好做的时候，难点就在于如何在"至暗时刻"保持团队的凝聚力。2008年金融危机期间，有很多优秀的公司倒闭了，没有倒闭的公司，人才流失也非常严重。为什么？因为既得利益没有了，未来也得不到发展。等金融危机过去后，公司想要大展拳脚的时候，才发现人才没有了。没有人谈何发展，这就又错失了快速发展的机遇期。

因此，管理团队光靠机制不行。人才吸引过来了，想让他长久待下去，需要靠第二个维度，那就是文化。文化具有凝聚人心的作用，能够统一人的思想和行为，机制和制度管不到的地方，就要靠文化。文化做得好的公司，即便经营处于低谷时，员工也会坚持自己的信念，跟公司共度时艰。他们会服从公司的安排，而不是将利益作为唯一的处事标准。

即使被派到很艰苦的地方工作，也一样能约束自己的思想和行为。文化让公司的所有人变成一个人，他们具有同样的思想、同样的行为，朝着同样的目标努力奋进。

第三个维度就是制度。制度是约束人的，告诉你这样做不行，那样做不可以。制度是底线，是必须要遵守的，员工的行为要符合制度要求，甚至要高于制度要求。制度靠前，领导退后，制度面前，人人平等。制度的灵魂是执行，我们要树立这样一种文化，"领导有情、管理无情、制度绝情"。制度带有强制性，对人的约束力最小。制度执行好的公司，要求早上9点上班打卡，所有员工在9点之前就到齐了；文化做得好的公司，同样要求9点上班打卡，但很多人7:30就来了，因为他们要做最优秀的员工；机制做得好的公司，可能有人6:30就来了，因为他们觉得这是在为自己工作，多做就能多得，多付出就可以早日实现梦想。

当你的团队有高度、有速度，机制、文化、制度建设好并执行到位，员工都会被——"搞定"。这时，不管领导在不在，团队都能够自动高效运行。

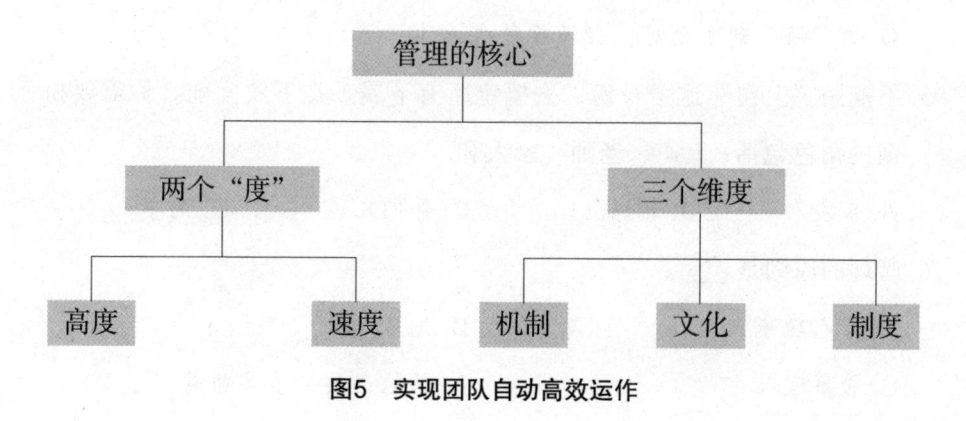

图5 实现团队自动高效运作

试卷 1

一、选择题

1. 沟通的三种语言分别是：词汇语言、音调语言和____。

    A. 视觉语言　　B. 肢体语言　　C. 微笑语言　　D. 形象语言

2. 员工的行为是管理者____之后的结果。

    A. 沟通　　　　B. 指挥　　　　C. 限制　　　　D. 示范

3. 演讲不是简单的语言艺术，它同时体现表达者____，对人性的洞察和自身思想的高度。

    A. 人生阅历　　B. 学历的高低　C. 职业化程度　D. 出身的背景

4. "念经"原则指的是____。

    A. 你不知道，告诉你让你知道

    B. 你知道，当你不知道，反复让你听到看到

    C. 只要你不知道，我就全部告诉你

    D. 你"悟"到了之后，我还反复告诉你

5. 不能用"上司"这个身份，去搞定所有下属。在下属面前，你需要扮演的角色包括：上司、老师、家人和____。

    A. 亲友　　　　B. 姐妹　　　　C. 哥们儿　　　D. 同事

6. 管理的原则是____。

    A. 管人理事　　　　　　　　　　B. 先事后人

    C. 管事理人　　　　　　　　　　D. 韩信用兵，多多益善

7. 团队管理的"两个度"是高度和____。

    A. 强度　　　　B. 速度　　　　C. 制度　　　　D. 温度

8.团队管理的三个维度是机制、____和制度。

  A.待遇   B.薪酬   C.氛围   D.文化

二、理解题

  作为团队主管，怎样建设团队才能通过"离场测试"？

GAO QING
SHANG GOU
TONG

02
魅力沟通——"无招胜有招"

增加"分量"

三种语言的全方位运用，说到底是技巧的运用。如何才能做到讲话时不考虑特殊技巧，但作用力十足呢？那就要看你在别人心中有没有"分量"了。"分量"高于三种语言的灵活运用，高于一切沟通技巧。你在听众心中的"分量"够足，即便很普通的一句话，也能听出振聋发聩的感觉。没有"分量"，你讲的话再有道理，也没人愿意听。

所谓"人微言轻"，"人微"不一定"微"在身份地位，也可能"微"在形象、气质、心态、精神、人品、德行等。这些因素，是沟通者"分量"的组成部分，如果只是一味地学习沟通技巧，没有"德行"做基础，学得再好都没用。

作为父母，在自己孩子眼里，如果"德行"不够，"分量"会渐渐消失，讲话就没有威信。几岁的小孩子，就开始对你讲的话置之不理，为什么呢？因为你穿着邋遢、精神颓废、脾气不好、思想消极、缺乏耐心、不求上进、不守信用、说话不着调……所有这些表现小孩子都看在眼里。你的孩子才几岁或者十几岁，就已经把你看透了，你在他心中就已经没有"分量"了。年轻人最难听进老人言，所谓"无知者无畏""初生牛犊不怕虎"，他们眼高于顶，藐视一切。怎么征服他们？你想跟他们讲道理吗？对不起，道理他们都"懂"。他们正是处于"不知道自己不知道"的年龄，何况有些父母师长，除了职业需要的一技之长以外，已经变得忧伤、暴躁、懦弱、颓废……这些不坚强的表现，在孩子的眼里多次出现，那个可亲可敬、魅力四射的长辈就消失了。再好的沟通技巧，也弥补不了形象的坍塌。此时你再说什么，他还会认真听吗？以前孩子还小，等他们进入青春期后就更压不住了。好在随着年龄的增长和阅历的丰富，年轻人会慢慢成熟起来，等他们做了父母，会重新愿意聆听父母的话。只不过那是孩子成熟后自我要求的结果，多少带有一些责任心和同情心在里面，不是父母"分量"征服过来的。

```
           "分量"的因素
          ┌───────┴───────┐
       身份地位      形象、气质、心态、
                    精神、人品、德行
```

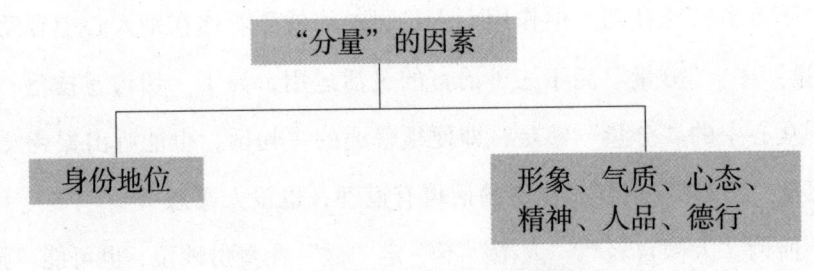

图6　"分量"高于一切的沟通技巧

讲话者何人？

　　讲话的作用力来源于讲话本身，也来源于讲话者是何人。有些人在与别人沟通时，无论用什么样的语言、语气和表达方式，即使是随便聊，别人都愿意听，并且听得很认真。如果你能做到这一点，你就是那些听众心中极具"分量"的人。哪怕用最普通的语言、最平淡的语气、最单调的表达方式，依然会让人洗耳恭听，这就达到了沟通的最高水平——无招胜有招。

　　对于位高权重者，比如集团总部一把手、所在单位的负责人，来公司为员工讲几句话时，你会觉得非常荣幸，自然会洗耳恭听；对于才华横溢者，你佩服他的能力，心中自叹不如，因此不管他怎么讲，你都乐意听；对于事业成功者，你钦佩他的阅历、财富，希望跟他一样走向人生巅峰，于是他说什么，你都会当成金科玉律；对于相貌出众者，你欣赏她的绝世容颜，惊叹她的迷人气质，当然也就喜欢听她讲话了。对于这些讲话者，你愿意倾听他们谈话的原因，我们很容易理解，所以当自己遇到沟通难题时，就应该先想一想自己有没有"分量"。

　　问题在于现实生活中，我们都很普通，都是同一个圈子里的人，难以跟身边的人在权力、才华、财富、容貌等方面拉开差距。既然彼此差不多，那么"分量"何来？何况在这个世界上，有人不屑于权贵，有人不仰视才华，有人不羡慕财富，有人不把美貌当回事。因此，上面几种因素未必就一定能增加沟通者的"分量"。但有一样东西，放之四海而皆准，可以通过自身的修炼让所有人对你服气，那就是——德行。

名字是品牌

　　每个人都应该不断修炼自己，在形象、气质、心态、精神、人品、德行等方面提升自己，让自己身上具备更多令人欣赏的品格，让自己的为人处世更得人心，让自己的名字成为招牌。用心经营自己，增加自己的"分量"，沟通技巧的作用力会翻倍发挥出来。

　　一位新来的同事要做演讲，可同事们还都在大声聊天。他上台以后环视一圈，全场很快鸦雀无声。为什么？因为他的穿着大方得体，神态镇定自若，气场看上去就很强大。他还未开口，一半人就已经服气，心想：此人器宇轩昂，应该不是普通人。另一半人受到影响，自然会跟着安静下来。接下来新同事开口讲话，同事们仔细听着，认为他讲的内容有一些道理，在认真聆听的前提下，内容的作用力就发挥出来了。

表达者的形象气质，对倾听的人来说是一种无形的说服力。很多人都是通过外表来判断你的"分量"，但不注重自己外表的人比比皆是。精神萎靡、形象猥琐的人往那里一站，说服力约等于零。人们普遍相信"表象即实质"，看上去什么样，实际上就是什么样。"领导力"从何而来？首先你得看上去像一个领导。先从外在形象开始，内在可以慢慢修炼，最终实现"表里如一"。药店里穿着白大褂的人未必是医生药师，人们却会产生信赖感。而医院里面的医生如果穿得太随意，即使他医术非常好，人们心里同样会产生不安。外在穿着有一定的欺骗性，但注重形象本质上不是为了欺骗，而是为了增加说服力。每个人都有必要修炼形象和气质，才能让自己更有分量。

我有一位数学老师，他是一个不讨人喜欢且容易被轻视的中年男人。为什么这么说呢？因为他的穿着邋遢，精神萎靡不振，重点是这种形象气质，显示出他不是一个积极要求进步的人。同学们明显能够看出，他跟其他老师的关系也一般。可能是由于长期不合群，他的性格已经变得古怪刻板，这样的老师在学生心中自然没有"分量"。数学课的内容一般都比较枯燥，在他毫不出彩的讲解下，大家上课普遍不够认真。印象最深的一次是，上课期间他实在忍受不了了，把课本往桌上一放，皱着眉头道："如果你们上课一定要吃东西的话，能不能不要吃带壳的？"这种无能为力的抱怨，引得全场哄堂大笑。学生的问题不可谓不严重，不过我觉得问题的大部分原因出在这位老师身上。老师必须驾驭知识，还要驾驭人性，如果老师"分量"不足，是没办法有效传播知识的。

沟通之外，保持积极阳光的心态，努力做一个受欢迎的人，比很多沟通技巧还要重要。有一次，张衡带队去美标公司进行项目路演，可最后还是没能成功签约。回来的路上，全队气氛有些沮丧，有人开口道："唉，真倒霉，竟然没谈下来，之前那么多的努力都白费了。"实习生蒋真真作为一名新人，积极安慰大家，她微笑着说："大家不要灰心，不就一个单子嘛，多大的事啊。谋事在人，成事在天，只要每次筹划到位，这次没有成交，但肯定有成交的时候。"大家都是年轻人，突然听到有同事说这番话，就觉得这个女孩子真不简单，她没有被工作上的困难吓倒，不用开导就能正确看待问题，真是棒极了。听了一位新人如此积极向上的话，众人一扫心头的阴霾，有说有笑地回去了。还有一次，公司举办会议，有一个环节是嘉宾对话，请太平洋建设集团董事长严介和先生与现场数百名企业家做互动交流，蒋真真被选定为这个环节的主持人。对于这次关键时刻的考验，她没有推脱或害怕，而是勇往直前，最终圆满完成了任务。其实不管她主持得怎么样，时间如此仓促之下，有接受任务的这份勇气，已经使很多人为她点赞了。

"德"行天下

做事之前是"做人"，"德行"在技巧前面。有些人的无理取闹，在"有德之人"面前会自惭形秽。如果以"权"、以"法"服人，那就不是沟通了，如果动不动就说"你是领导还是我是领导""到底听你的还是听我的"，这代表在正常的沟通过程中，你已经无能为力了。

管理者的"德行"主要体现在处理事情的方式上，而不仅仅是嘴上说了什么。

公司举办商务会议，有一些同事需要负责迎宾，其中就有张尹。他的岗位在电梯口，见到来宾要鞠躬问好，引导他们前往会场。这项工作挺无聊的，也很累人，时间不长，张尹就开始偷懒，双手抱在胸前来回晃悠。此时会务总监洪眉走过来，看到有几个人工作溜号，她并没有马上发脾气，而是笑嘻嘻地打招呼："辛苦大家了，你们一共迎接多少位客户了？"张尹回答道："有30多人了吧。"洪眉表示欣赏地说："嗯，挺好的，很多人刚开始干这个活儿都会觉得自己是大材小用，你的心态还是不错的。"张尹听后觉得有些不好意思了。洪眉又接着说："身为一个业务人员，你能够服从公司的安排，放低姿态，在这里做迎宾的工作，这非常值得表扬！"张尹乐了，问她："您不是会务总监吗，怎么有空来这里呀？"洪眉微笑道："这叫'走动式管理'，你以为会务总监就是坐着不动遥控指挥吗？我要经常走到你们工作的现场，看看你们有没有按正确的方式开展工作，把正确的做法讲解给你们听，指导你们把工作做得更好。管理者的主要工作就是不断沟通，明白了吗？要不怎么会有这样一句名言——管理，过去是沟通，现在是沟通，将来还是沟通。"

所谓"走动式管理"，就是管理者不能总把自己关在办公室里，要经常走到下属的工作现场，采取"盯、看、讲、指"的方式，及时发现问题、解决问题。很多管理者喜欢在会议室里解决问题，这是不对的。

解决问题要遵循三个原则，第一是"现时"，也就是发现问题后要第一时间解决，这时所有人的感受将是最深刻的，绝对不能等到月底会议上再把问题拿出来讨论。第二是"现场"，一切从现场出发，来到现场，看到现场，才能抓住现实。第三是"互动"，把跟这个问题相关的人员全部叫过来，一起分析原因，讨论解决方法，立即采取措施。这是最高效的方式，而且也不耽误无关人员的时间。

"走动式管理"并不是走到员工工作现场后，看到任何问题都忍不住说上几句，指责这个做得不好，那个做得不对，对员工各种行为逐个数落一遍。这样会引起员工的反感，破坏团队的工作氛围。管理者可以换一种姿态，微笑着来到大家面前，热情地跟大家打招呼，鼓励那些认真工作的人。

发现问题时，把不需要当场处理的问题全部记下来，回到办公室再关起门来分析，员工所犯的错误是思维问题还是能力问题？是初犯还是屡教不改？是他一个人的行为还是很多人都这么干？再考虑用什么样的策略来解决，并制订相应的工作计划。分析问题的方法是，根据数字找差距，差距来自哪些事？事情出自什么人？人员背后什么观念？错误观念可能比较普遍，那用什么方法能解决？在众多问题中，找到"老、大、难"问题。老问题是指重复出现的、长期得不到解决的问题；大问题是指对完成目标阻力最大、对外影响最大、造成损失最大的问题；难问题是指采用多种办法之后效果依然不明显，又不能很快得到根治的高难度问题。这是解决问题的切入点，千万不要胡子眉毛一把抓。

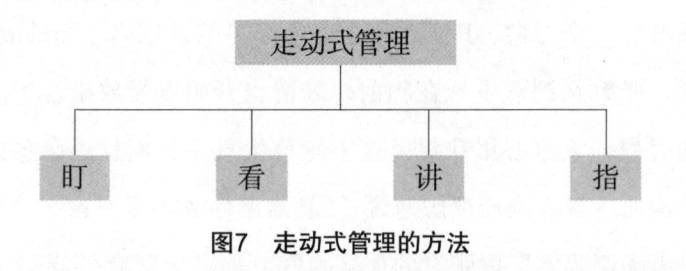

```
         走动式管理
    ┌──────┬──────┬──────┐
    盯     看     讲     指
```

图7　走动式管理的方法

无声胜有声

我们接着上面会务保障的故事往下说。

洪眉说完这些，向张尹走近了几步，温和地说："我给你一个建议，如果你在迎宾的时候，把双手放下来，身体站直，时刻准备好情绪和状态，看到来宾后第一时间迎上前去，微微鞠躬并微笑问好，这不是更好吗？不但很好地完成了工作任务，而且展现了你的个人风采，没辜负你这么阳光帅气的外表啊！"一边说一边把张尹双手拉到身体两侧放下。面对领导的尊重和夸奖，张尹欣然接受了这些建议，并且请洪眉放心，自己一定可以做到。洪眉拍了拍他肩膀说："我当然知道你能做好，我相信你！"说完就转身去别的地方了，目送洪眉离开后，张尹按照她的建议，又开始兴致高昂地迎接客户了。

公司领导应该遵循"四随原则"，随时、随地、随事、随人进行沟通，其实这也是给员工上课，帮助员工提升业务能力。不要局限于部门和职务中，也不管对方是不是自己部门的员工，只要方式方法得当，老员工对新员工也可以有这种"上课"意识。在这种氛围中，新员工将很快融入公司，他会受到来自公司上下左右全方位立体式影响，这些力量叠加在一起将形成强大的成长助力。

要想改变一个习惯，其实并不是非常简单的。还以上面的故事为例，不知何时，张尹又把双手抱在胸前，表情也开始慢慢放松。当洪眉再次走过来的时候，大家心里在想，这下她该生气了，而且还设想出一个唇枪舌剑式沟通场景。洪眉严厉地说："就知道你改不了，这么简单的事情还要我一再强调吗？"以张尹的火暴脾气，肯定会顶嘴："我这不是一不小心就忘了吗，又不是有意的，再说我以前也没干过这项工作，迎宾既不是我的强项，也不是我的本职工作啊……"如果这个场景出现了，大家心里一定又会想：就知道她会发火，果然不出乎我们的意料！如果上司的行为总是在下属的意料之中，尤其是意料之中的低水平沟通方式，这样的领导还有什么"分量"可言呢？

大家做好了准备，就等洪总监发火了。然而她并没有如大家预想的那样失去耐心，还是微笑着说："养成一个习惯很不容易吧？我也有同样的感受。来，把手放下，身体站直，微笑，保持最好的状态。对，就是这样，这种状态多有亲和力啊。"一边说一边又把张尹的手再次放到两边，自己还站直了身子做了个示范。张尹乖乖照做，并且暗暗发誓，一定不能在这件小事上再犯错了。洪眉看出了他的决心，没多说什么，只是点头示意表示信任，然后又转身离开了。接下来两个小时，张尹和很多人一样，始终规规矩矩地站在迎宾的位置上。在此期间，洪眉又来过几次，只是远远地看着他，冲他微笑点头，并伸出了个大拇指。她知道，不管自己以后是否在场，张尹都能做好了，同时也证明张尹真正听进去了，所以无须多言，此时无声胜有声啊！

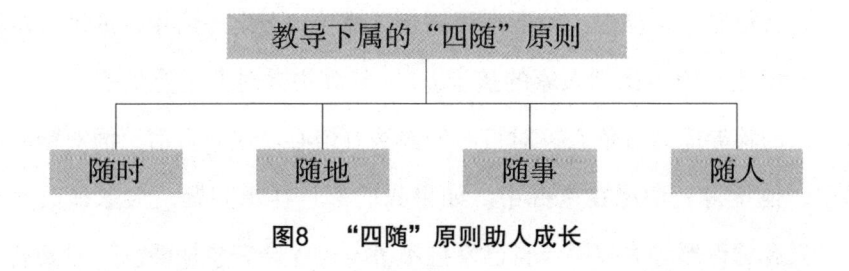

```
        教导下属的"四随"原则
    ┌────────┬────────┬────────┬────────┐
   随时      随地      随事      随人
```

图8　"四随"原则助人成长

为什么生气？

遇到事情不能心平气和地沟通，采用发火的方式是"德行"不够的表现。伟大是"熬"出来的，胸怀是"憋"出来的，宰相的肚量是"撑"出来的。如果遇到事情就发火，一分钟都"憋"不住，那宽广的胸怀是练不出来的。俗话说，"量小非君子，无毒不丈夫"，这个"毒"字是以讹传讹的结果，原本应该是"无度不丈夫"，大丈夫没有度量可不行。严格来讲，经常发火的人，除了情商不高之外，还明显缺乏爱心。遇到事情，只顾自己发泄得很痛快，别人却提心吊胆好几天。大事不如意，小事就发火。从心理学上分析，发火是不自信的表现。自信的人一直胸有成竹，轻易不会发火，就算发火，也能很快调整好心态积极沟通。火发出来后，先为之前的暴脾气向对方抱歉，然后平复自己的心绪，严肃而认真地让对方知道事情的严重性。作为一名管理者，屡屡看到下属犯错，不发火确实很难，但只靠发火来引起下属的重视，可不是一种明智的选择。"假装发火"是一种效果独特的沟通方式，尤其是在谈判中常常用到的方法，目的是用行为告诉对方——你已经触碰我的底线了，从而迫使对方做出让步。

爸爸看到儿子考试没考好，并没有特别生气，而是表现得很淡定。他沉稳地说："这是意料之中的事。咱儿子平时学习不努力，考成这样很正常，考得好才奇怪呢。接下来我要亲自辅导，不出一两年，成绩肯定能上去，我儿子绝不比别人家的孩子差。"与其说是对儿子有信心，不如说对自己的辅导能力有信心，对自己的方法有信心。这叫自信，面对糟糕的局面，他觉得一切尽在掌握中。如果我们都这样想问题，大家还会发火吗？只有觉得形势失控了，自己掌握不了了，才会着急崩溃。一看到儿子考试没考好，马上就想："这下完了，成绩这么差，将来肯定考不上好大学，考不上好大学就找不到好工作，找不到好工作就没有好收入，没有好收入娶老婆都困难。到时候我老了，到底是我养他还是他养我啊？"越想越气，越想越慌，儿子站在面前，怎么看都不顺眼，忍不住气急败坏一顿骂。这种气不打一处来，恰恰是自己信心不足的表现。儿子没考好，是你悲观的联想、失去信心的绝望、找不到方法的无助感产生了副作用。当儿子被你臆想成无药可救的笨蛋、让你无法安度晚年的无能之辈时，你觉得冲他发火理所当然，其实这只是宣泄自己的恐惧罢了。

我们经常说"谋事在人，成事在天"，那是不是做成事情就只能靠上天了？当然不是，因为后面还有一句话，叫作"人定胜天"，这是一种自信的表现。同样，心"定"了，就能产生智慧，也就是所谓的"定能生慧"，生气的人心不定，所以行事缺少智慧。

比的是"实力"

如果你看到下属的办公桌非常凌乱，该怎么办？上去就是一顿指责吗？这证明你没有资格做他的领导。怎样才能表现出领导的气度，并且能够正面影响下属呢？发现下属的办公桌比较凌乱，不要上去就骂，也不必直奔主题。拿出你的耐心和镇定来，先问问他最近工作是否辛苦、是否顺心，问完之后顺手帮他把地上的、桌上的东西捡一捡整一整。如果他有一点觉悟的话，就会和你一起行动起来。等整理好了，再问一句："你看，这样是不是很整洁？工作干得好，同时保持整洁的环境，不是好上加好吗？"下属就会醒悟过来，原来领导是指出自己的办公桌比较乱，他就知道以后该怎么做了。

领导也好，父母也好，并不是要跟下属、子女比能力，而且就某件具体事务的能力而言，你不一定比他们强。打字你可能不如文秘，做数学题你可能不如念初中的孩子，那么比什么？比的是实力。

什么是实力？就是诸如远见、耐心、沉稳、执着、胸怀、格局、勇气、信心等这些"做人"层面的东西。你有没有在自己身上修炼出这些特质？有些主管私下里话很多，但在一些重要的场合，连上台说几句话都不敢，那为什么他到了正式场合反而紧张得说不出话呢？迎难而上是勇气，在需要有人挺身而出的时候，主管和公司领导就应该当仁不让，不能被员工比下去。上台以后，讲得怎么样是一回事，敢不敢上是另一回事。做员工的主管，就要比他们更能做到"拿得起还能放得下，放得开又能收得住，能伸同样能屈"。无数次他们认为你该生气了，而你没有；无数次他们认为你该放弃了，而你没有；无数次他们认为你撑不下去了，而你没有。用你几年、十几年的修为，拉开跟员工的差距，拉开足以使他们佩服的差距，让他们对你产生"意想不到、叹为观止"的感觉。就像唐僧一样，他靠的不是能力，而是在思想层面让其他人远远不及，因此做了取经路上的领头人。他的个人操守固然没得说，而且对去往西天求取真经的执着，哪个人能比得上呢？

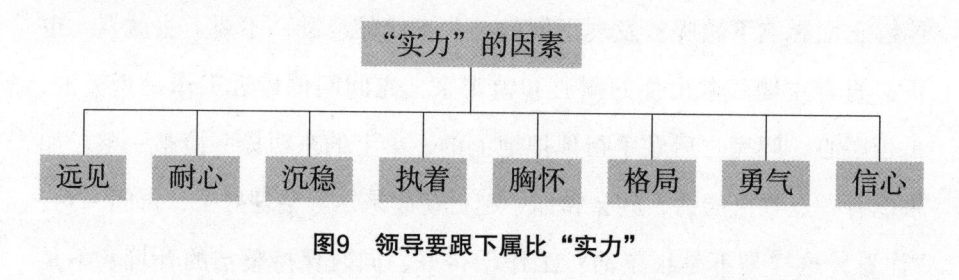

```
              "实力"的因素
  ┌────┬────┬────┬────┬────┬────┬────┬────┐
 远见  耐心  沉稳  执着  胸怀  格局  勇气  信心
```

图9　领导要跟下属比"实力"

以德服人

一家合资企业的保安部长，有一天在门卫室值班，遇到一名年轻的员工没有请假手续却想提前离开厂区。保安部长职责所在，当然不能让他随便出门，结果那个员工指着部长的鼻子骂："你就是一个看大门的，凭什么不让我出去！"这时候部长该怎么反应呢？那个保安部长说："我当然想过去揍他，他说我别的行，说我是看大门的就坚决不行。"看来保安部长的内心里面把"看大门"这三个字当成自己的痛点了，如果这位部长真这么做了，那他就没有资格做部长。

正确的做法是什么呢？听到员工骂自己"看大门"以后，部长不必动怒，依然面带笑容温和地说："我非常理解你的心情，可能外面有很重要的事情或很重要的人在等你,他们或许已经催你好几遍了,你当然会很心急。结果现在连门都出不去,情急之下,你才说出这种话来。这些我都明白,年轻人嘛都是血气方刚的,因为我也年轻过啊。同时我想说的是,我们门卫是在执行公司的制度,并非故意跟你过不去。不如这样,咱们一起商量一下怎样才能尽快让你出门好不好?尽可能不耽误你的事,你看行吗?"当保安部长这样跟员工说话时,员工心里清楚,刚才一拳打到棉花上去了。员工心里会想:"我都骂他了,他还这样客气地说话,我跟他真是不在一个层次上啊。"不仅这次不再纠缠,以后也不想跟这位部长争吵了,因为根本吵不起来。

这就是员工被"折服"的过程,你跟员工比的是做人的境界,在胸怀、耐心、素养这些方面,他切切实实地感到自愧不如。不要跟员工计较一些小事,否则你们的沟通就会走入歧途,那你还有什么资格做他的领导呢?你的话又有什么说服力呢?当你跟他讲公司制度,证明道理在你这一边的时候,前提是他在生气,而你心平气和,才能高下立判,让他心服口服。要坚持以"德"服人、以修养服人,而不是以"权"服人,不能别人一惹你,你就跟他对着争吵,这样的沟通没有任何效果,只能拉低你在员工中的"分量"。

留有"口德"

为什么有的领导在台上发言,台下的听众却昏昏欲睡?

有一次张尹跟张炜探讨这个话题。"你觉得为什么会这样?"张炜问道。关于这一点,张尹有自己的看法,此时他心里想:很多领导没有遵循"领导者寡言"的原则。

一要"后讲"。开会时先让大家畅所欲言，自己最后做总结升华，由于集中了众人的智慧，这种发言自然会比较高明。如果领导先讲一大通，占用了一大段时间，然后跟大家说"我讲完了，你们有什么想法尽管说"，大家还能说什么呢？除了时间不够用之外，你在前面讲了那么多，把调子都定好了，员工还怎么敢自由发挥？如果跟你说的不一致，岂不是在唱反调？

二要"少讲"。上台最多分享三点，即使后面还有很多内容对大家都有用，也要适可而止，因为听进去多少比讲出来多少更重要。说好讲三点就讲三点，每一点都那么有深度、有高度、发人深省，当听众正在期待第四点的时候，你却戛然而止。你讲完之后，员工们就开始期待，期待你下次更高质量的内容分享，就像评书中的"且听下回分解"。

这样就基本做到"听了还想再听"这个境界了，领导即使批评下属，下属也会心悦诚服。如果你长时间不批评他，他心里可能还会有些失落，心想：领导怎么这么久都不批评我了呢？是不是把我给忘了？会不会不重视我了？因为他的批评不是批评，更像是一种重视和鼓励，不仅不会损伤人格，还对员工有很大的帮助意义。有的领导批评员工时，基本就是在发泄自己的情绪，所以听起来比较像骂人。

平时话太多，强行灌输给他人，或者出口伤人，都是没有"口德"的表现。

如果领导上台讲话，讲完三点，发现大家听得挺认真，心想：我这也是为大家好，不如再多讲讲。心念到此，嘴巴就意犹未尽欲罢不能了，一口气把后面所有的话全部讲完。本来前面三点让大家听了觉得受益无穷，结果一股脑儿又灌输这么多，不仅听到后来昏昏欲睡，还搞得大家有些"反胃"，连同前面三点都"吐"出来了。这跟教育小孩是一样的，你有 300 个人生道理要告诉他，那也得按节奏、按步骤一条条来，一下子全说出来，孩子可能连一条都接受不了。小树苗要一天一瓢水地浇，不能一个月不浇水，一浇水就是一桶，直接把树苗淹死了。

　　员工身上有很多毛病，如果管理者一次性全部告诉他，可能还没说完，他就先对自己失去信心了，更别说要一个个改正了。管理者要适当地"包容"下属，给他们逐步改进的空间，包容下属身上那些对当下目标达成影响小的、不涉及原则性的问题。从员工的缺点当中，找到最核心的部分开始教导，一点一点往外围延伸。争取在三个月内让下属的工作态度有变化，半年内让他的能力有明显提高，一年时间让他像换了一个人似的，优秀的下属就这样被有节奏有步骤地培养出来了。

```
           领导者寡言
          /         \
       后讲          少讲
```

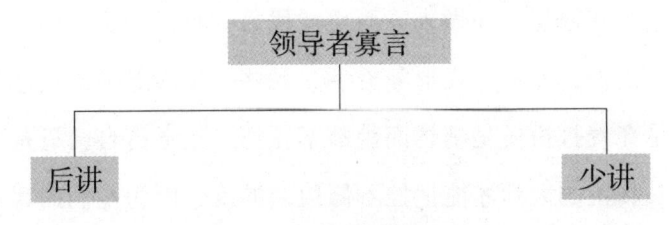

图10　领导者的讲话原则

　　接着上面的例子讲。张尹心里这些想法，并没有急着讲给张炜听。因为张炜很想表达，不如让她一吐为快吧。然后张尹才答道："可能是领导发言内容很枯燥吧！"张炜惊讶于他"内容决定一切"的观点，马上举了一个例子："数学课程很枯燥，就一定不能讲得声情并茂、富有感染力吗？如果老师知识渊博，阅历丰富，就能够旁征博引，触类旁通，首先在讲课内容上丰富起来。同时授课时运用好音调和肢体语言，时时调动课堂氛围，一样可以上得很精彩啊！"看到张尹在点头，张炜接着说："数学老师不能光注重把学问做好，还要研究怎样通过修炼个人魅力，提高对学生的影响力。有魅力的老师讲课，学生会更有意愿和耐心听下去。"张尹表示认同，认真听张炜继续说："修炼个人魅力，让学生喜欢听老师讲课，这不是老师在讨好学生，恰恰说明老师通达人性。这种沟通能力强的老师，才知道怎样更有效地传播知识。"

"魅力"何来？

修炼"个人魅力"，提高沟通效果，这已经超出技巧的范畴了。张尹对这个话题很有兴趣，所以问张炜："我们应该怎样做，才能让自己变得更有魅力呢？"张炜哈哈一笑，认真地说："有句话叫'内圣外王'，我们要注重内在修炼，在做人方面更加优秀，自然会更有魅力。内在修炼之路比较漫长，先从外在形象着手容易些。很多老师不在意自己的形象，无论是穿着打扮还是精神面貌都不注意，还觉得自己只是不修边幅罢了。只有真正的大师才能把控不修边幅的度，因为他们的智慧足以让人忽略一切外表。普通人需要通过外在形象的改变，使听众首先从视觉上看到你的魅力。"这番话比较有道理，为了加强说服力，张炜继续分析道："你看，魅力的'魅'字，左边是个'鬼'字，古汉语中有神秘的意思。任何事物太透明、太直白了，就会失去魅力，还是'犹抱琵琶半遮面'比较好。老师在学生眼里要有一定的神秘感，这种神秘感，可以来自生活，例如老师不要把家里的不如意放在脸上，再带到学校让学生知道；也可以来自他的自律、上进、宽容、正直、爱心等优秀品德。要让学生觉得，我们的老师，境界就是不一样。若干年后，学生们回忆起来，当年在老师这里不仅学到了知识，还学到了很多做人的道理，那是一辈子都受益无穷的。做老师或者领导，不能让学生或下属一眼看穿，对你了如指掌，认为你不过如此，觉得和你的能力水平、修养层次没有差距。当学生或下属感觉你就懂那么点东西，脾气还不怎么好，胸怀也不怎么大，一切在他们的预料中，那还有什么魅力可言？"张炜停顿了一下，接着道："魅的右边是个'未'字，表示'有所不及'，这就是说要想让人觉得你有魅力，你得拥有他们远远不及的能力。如果这个能力只比下属强一点点还不行，那样容易被轻视，认为你只是年长几岁，人生阅历多一些而已，没什么了不起的。"

相信很多人都看过电视剧《潜伏》，剧里有一个叫翠萍的女人，站长评价她是"蠢得挂相"的女人，余则成最初跟她在一起，也没觉得她有什么好。有一次为了刺杀陆桥山，事先安排好的枪手临时有事来不了，刺杀小组也没有及时找到替代人选，余则成为此整天发愁。翠萍知道后，问他为什么不找自己这个神枪手呢。余则成不敢相信，就带着她到郊外试试枪法，结果百发百中。那一刻余则成的眼睛亮了起来，笑盈盈望着翠萍说："我发现你真有魅力……"翠萍高兴得跳了起来说："这可是你主动说的，不是我逼你的哦。"所以一个人的魅力，来源于旁人"有所不及"的地方。

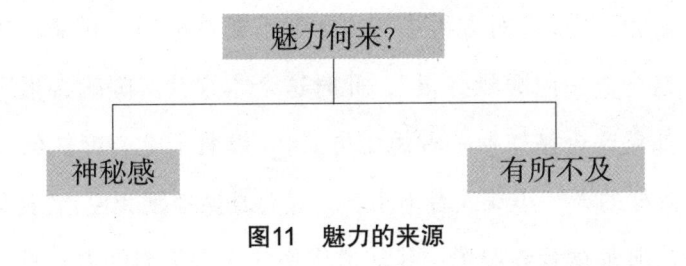

图11 魅力的来源

君子之心

这种"有所不及"，除了令人佩服的技能之外，还可以是独特的思维方式。如果你不小心冲撞了某个人，明知道对方非常小气，马上要生气骂你时，你迅速说一句："您不会生气，我知道像您这么有肚量的人，肯定不会跟我计较这些小事的，您可不是这么容易生气的人。"对方听你这么讲，只好把准备责备你的话咽了回去。

有一次，我在理发店干洗头发，为我服务的那个小姑娘不小心在我身上洒了一点水，连忙说："对不起，对不起！"我说："没关系。"由于那天心里有事，我一直在思考问题，所以就没有跟她多做交流。过了一会儿，她突然问我："你是不是生气了？"我说："没有啊，怎么会生气呢？"没想到过了几分钟，她看我一直不说话，开始埋怨道："你这人真是的，生气就生气了呗，还说没生气。刚才真的是我不小心，非常不好意思，你就大度一点，或者骂我几句，不要这样憋在心里生闷气啊。"我只好对她呵呵一笑，心里在说："什么跟什么呀，我在考虑问题，哪会把这点小事放在心上？你也太小看我了吧，在你眼里，我就是这么小气的人吗？"

我们常说不要以"小人之心度君子之腹"，其实更不要"以小人之心度小人之腹"。如果对方很小气，你就不要对他说"我就知道你会生气的，你这个人一向睚眦必报"，此时这个本来就"睚眦必报"的人会怎么做？如果这个姑娘换一种思维方式，"以君子之心度任何人之腹"，不管我是怎样的人，小气或者不小气，只要真诚地跟我说："真是不好意思，您的衣服都被我弄湿了，我知道像您这么有修养的人，是不会生气的，谢谢您。我太不小心了，我帮您擦擦吧。"然后迅速拿出纸巾帮我擦拭，我还能说什么呢？又怎么好意思让她帮我擦拭呢？我只会自己解决问题罢了，而且我会想，这个姑娘年纪轻轻就这么会说话，在我眼里就是有魅力的人，等会儿她让我办张会员卡，估计也不会引起我的反感。

试卷 2

一、选择题

1. "分量"的因素包括：形象、气质、心态、精神、人品、____。

   A. 出身　　　　B. 经历　　　　C. 梦想　　　　D. 德行

2. 优秀的老师，不仅要驾驭知识，还要驾驭____。

   A. 学生　　　　B. 同事　　　　C. 人性　　　　D. 经验

3. 解决问题的三原则是现时、现场和____。

   A. 开会　　　　B. 互动　　　　C. 讨论　　　　D. 辩论

4. 解决问题的切入点是老问题、____和难问题。

   A. 大问题　　　B. 复杂问题　　C. 高端问题　　D. 基础问题

5. 教育员工的四随原则是随时、随地、随事和____。

   A. 随缘　　　　B. 随机　　　　C. 随心　　　　D. 随人

6. "实力"的因素有____、耐心、沉稳、执着、胸怀、格局、勇气、信心。

   A. 能力　　　　B. 聪明　　　　C. 远见　　　　D. 想法

7. 领导发言的两个原则是____和少讲。

   A. 不讲　　　　B. 先讲　　　　C. 后讲　　　　D. 多讲

8. 不要以小人之心度君子之腹，而要____。

   A. 以君子之心度小人之腹

   B. 以小人之心度小人之腹

   C. 以君子之心度任何人之腹

   D. 以小人之心度任何人之腹

二、理解题

作为团队的主管,怎样做才能提升自己在下属心中的魅力值?

GAO QING
SHANG GOU
TONG

03
沟通过程——内在决定外在

沟通过程

沟通过程是指信息的发出者，就是讲话的人基于自己的价值观、信仰和观念，选择相应的语言、语气和表达方式，把信息传达给接受者。信息的接受者，也就是听话的人，根据自己的价值观、信仰和观念，理解传达过来的信息。

沟通时运用何种表达方式，取决于沟通者内心世界的价值观，体现出沟通者的文化底蕴。在不同的文化熏陶下，双方的价值观不同，发出去的信息和理解到的信息不一样，也就会导致"说者无心，听者有意"这种情况的出现，沟通障碍便会由此产生。不同地域的文化有差异，对同一件事情的理解截然不同。例如，一个北方人请人站起来会直截了当地说："某某，你站起来一下。"南方人则会觉得你怎么能这样讲话？一点礼貌都没有。他觉得你应该这样说："麻烦你站起来一下，好吗？谢谢。"这样客客气气地讲话才算尊重人。北方人就觉得冤枉啊，我在家里让爸妈站起来也是这么说的，一点都没有不尊重的意思啊！这就是不同地域的人们对同一件事的不同表现方式。

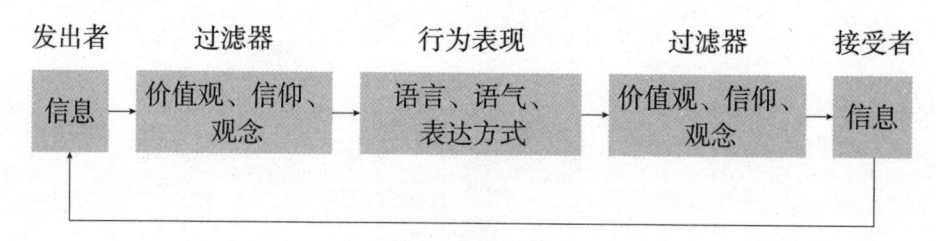

发出者　　　过滤器　　　行为表现　　　过滤器　　　接受者

信息 → 价值观、信仰、观念 → 语言、语气、表达方式 → 价值观、信仰、观念 → 信息

图12　沟通的过程

价值定位

什么是价值观？就是对一件事情的看法、评价和定位。比如人生观，就是对人生，说白了就是对"活着"这件事情的看法。有的人觉得活着挺有意思，越活感觉自己越年轻，还会有种"向天再借五百年"的想法；有的人觉得活着真无聊，天天重复几件事，没有新意，天长日久就会迷失生命的意义。

有人对餐厅服务员的看法、评价和定位比较低，觉得自己来吃饭就是上帝，服务员就低人一等，与他们沟通时自然就会颐指气使、傲慢无礼。有一次，陈正出去吃饭，先跟女服务员调侃了半天，好不容易点完菜之后，才等了一小会儿就有些不耐烦了，对路过的男服务员喊道："你们怎么回事，怎么上个菜这么慢啊！你看不见现在桌上一个菜都没上吗？一点机灵劲儿都没有，小事都干不好，将来怎么有机会干大事，一辈子就只能当服务员。"他一开口说话就让人感觉三观不正、素质不高，因为他所运用的语言、语气和表达方式，已经如实地反映了他的价值观、信仰和态度。如果顾客认为服务员跟自己一样，大家是平等的，即使心里再着急，依然会采取比较有礼貌的方式说："你好，你看我们这桌已经等了很久了，菜还没上来，能不能帮我们催一下，谢谢！"这样与人沟通，服务员会感受到尊重，更会认为这是自己职责所需，不会有任何反感。

张衡每次让助理倒水时都会说："娟娟，请帮我倒一杯水，谢谢！"有时候我就纳闷，问他："为什么你让下属倒杯水还这么客气？直接说'给我倒杯水'不行吗？娟娟她还敢不倒？"结果他回答道："直接让她倒，她同样会倒，只是体现不出我对她的尊重。既然我心里尊重她，客气一点是自然而然的事。"如果一个领导时时处处尊重自己的下属，长此以往，下属一定会更敬重领导。沟通的表象是技巧问题，本质是做人问题，更确切地讲是做人背后的价值观问题。

素质修养

张尹是位销售员，他对每个客户都极有耐心，这跟他的价值观有关系，因为他觉得只有满足客户的需求才是工作中最重要的事。尽管他在公司经常对同事发火，却没有对自己的客户有任何不敬之处，有一天发生了这样一件事。公司举办论坛，中场休息的时候，有一位女士走到张尹身边，问他是来参会的员工还是做会务保障的员工？张尹很惊讶，气恼地打量这位女士——这是一位普通的中年妇女，既不像新来的领导，也不像到场的客户，怎么会有此一问呢？见张尹没说话，她居然开始教导起来："我知道你是工作人员，但我看你工作时不太专心，脸上也没有笑容，态度也不热情，就来提醒提醒你。既然是来工作的，就要……"张尹听到这里，心里想："我都不知道你是谁，你凭什么批评我啊？"还没等那位女士讲完，他就转身走了，那位女士被气得僵在那里。

论坛结束的第二天，洪眉通知张尹去她的办公室。落座以后，洪眉说："周末两天你刚参加完论坛，没有调休，今天准时来上班，很不容易啊！"张尹淡然道："原本想休息的，只是最近要联系的客户太多，只好过来上班了。"洪眉继续夸奖他敬业，张尹受到鼓励，慢慢情绪开始高涨，便高兴地回应道："谢谢领导夸奖，您这不一样来上班了吗？"洪眉微微一笑，开始谈正事，问道："还记得论坛第一天上午中场休息时，有位女士过来指出过你的一些问题吗？"张尹当然记得这件事，说实话从发生那件事到现在，他对这件事是有些惭愧的。洪眉把身体前倾了一些，低声问道："你知道她是谁吗？"气氛变得有些紧张，张尹凝视着她，摇了摇头。洪眉直起身道："她是一个我们的重要客户，她带着老公和公司的好几名高管，连续几年来参加我们的论坛，一向对我们公司很支持，非常关心我们，希望我们发展得更好。因此，她在参加论坛期间，才会关注到很多方面，有些方面甚至会超出客户关注的范围。"说话期间，洪眉一直盯着张尹看，张尹的表情有些不自然了。"谁也不知道她是我们这么重要的一位客户啊。"于是张尹不敢隐瞒，只能实话实说，"洪总监，我当时看不出来她到底是干什么的，觉得她有点多管闲事，所以我没理她就走了。"洪眉点了点头，说："她关心我们公司的各项工作，所以看到你的问题时，才会不忍心视而不见。现在我来告诉你，这件事情你犯了错误。你当时没有做出恰当的回应，她只好专门跟我反映了你的情况。我怕影响你的心情，就等论坛结束才来跟你沟通这件事。"洪眉继续说道："你现场没有跟她进行良好的沟通，这不是沟通技巧的问题，也不能用一时冲动来解释全部问题，这件事其实反映了你的修养还不够好，怎么可以一言不发就转身离去呢？这在别人心里是什么印象？你要深刻地吸取教训。其实以她的身份，根本不需要跟你说那些话，她是一般人想请都请不到的人物。她很关心我们公司的事业，才会注意到你的行为。"听到洪眉说出对方的姓名后张尹的脑袋"嗡"地一下，他有点发蒙了，他怎么都没想到，原来是这么一位全公司闻名的人物。洪眉的语气中透着不可思议，提高音量继续说："你当时一言不发，转身离去，架子可比她大多了。"张尹懊悔极了，心想："那么大的企业家，我竟然在她面前如此傲慢，别说自己的形象，就连公司的形象也被我给毁了！"洪眉看他实在难堪，安慰道："好了，她也没多说什么，甚至表示可以理解你的言行，一个年轻人突然被陌生人指出问题，一时不能接受也是正常现象。那天正好是论坛开幕，大家都很忙，她还说也许是自己的沟通方式有问题呢。"张尹得知客户还在为自己的不当行为解释，心里更加惭愧，赶紧说："那位女士的沟通方式很好，说话也很注意我的感受，主要原因还是我没有提高认识，对待工作不够认真负责，是我太不懂事了！"洪眉对他的反省表示认可，叮嘱他一定要提高个人修养，这样才能避免在沟通中犯错误。

这件事情再次说明，一个人的沟通方式取决于他的内心世界，取决于他的价值观。换句话说，跟他的素质和修养有很大的关系，没有好的素质和修养做基础，沟通中随时都有可能发生问题。

统一文化

为什么企业要搞企业文化建设？就是为了统一文化，让公司所有来自不同地方，学历、背景、经历、思想不尽相同的员工，在同一种文化的影响下，价值观趋于一致，减少沟通隔阂，提高工作效率。

家庭同样适合于做文化建设，提炼核心价值观，升华文化理念，形成家风家训，从而实现用文化约束自己、教育孩子的目的。不同的家庭文化，产生不同的沟通方式，进而形成不同的家庭氛围。氛围好的家庭，展现和谐努力向上的景象；氛围不好的家庭，每个人脾气都很大，很容易和别人产生冲突。

有一天，家里男主人在外面受了气，心里憋着火，见到老婆就斥责道："看你天天都忙啥了，怎么到现在饭都没做好？"老婆突然受此指责，心里很不舒服。恰好儿子放学回来了，看到他一蹦一跳没心没肺的样子，气不打一处来，她脱口就喊："放学这么长时间才知道回家，你又去哪里玩儿了？下次再这样就别吃晚饭了。"小孩子无辜被说了一顿，心里恼火又不敢顶嘴，进房间时看到脚边有个足球，抬起脚把球踢飞了，球又弹到男主人身上。一家人看到这一幕，都愣住了。

有的家庭，如果孩子成绩不好，爸爸就会责怪妈妈说："你在家带孩子都带不好，天天不知道在干什么。"妈妈一看老公把责任全推给自己，心里不舒服，马上回道："你是他亲爹，你管过他吗？你再忙回家后就不能抽点时间给儿子讲讲作业？人家老王干的事业比你大，怎么就没你那么忙呢？"儿子看到这个情景，心想："你们吵吧，反正不管是你们谁的责任，总之不是我的责任。"埋头继续玩他的游戏。

这个家庭的成员对责任的理解是相互推卸，不管出现什么事，都是对方的错，所以培养的孩子同样不懂得"凡事找自己的原因"。孩子考试成绩不好，如果爸爸先检讨自己，歉疚地说："都是我不好，我就是再忙，每天回家也应该抽点时间跟咱儿子沟通沟通。"妈妈看他在反省自责，有些不好意思，也会检讨自己："是我不好，以后我要少打麻将，多辅导孩子功课。"看着爸妈内疚难过的样子，儿子也会有样学样，心里十分惭愧，忍不住开口道："爸爸妈妈，不怪你们，都是我的错，以后我一定努力学习，不再玩游戏了。"在这样的家庭里，孩子从小就学会了承担责任，凡事从自己身上找原因，而不会把责任推到别人身上。

所以，你的家庭要不要进行文化建设呢？夫妻双方要认真商量，在自己所有的人生智慧中，提炼出几句最重要的理念，以书面方式呈现出来，让家人时常翻看。视觉环境打造出来以后，还要定期召开形式灵活的家庭文化座谈会，学习文化理念，将它们植入思想深处，用来指导成员们日后的言谈举止、行为模式。这样做看似有些教条，但实际上正是这种教条的感觉，能为家庭创造出良好的文化氛围和优质的人文环境。环境能造就优秀的孩子，而不是只靠父母日常的苦口婆心或者横眉冷对来影响。

三种氛围

由于管理者的价值观不同，会建设不同的团队文化，培养不同的团队氛围。

第一是"学校化"氛围。"学校化"氛围解决的是一个团队的成长问题，团队中的上下级更像师徒，同事更像同学，公司更像训练场。管理者经常组织大家读书、听课、考察、分享，开展批评与自我批评，召开早晚成长会：早会定目标，提升工作状态；晚会针对一天的工作进行总结、改进。

管理者85%的魅力来自关心下属的未来。什么是下属的未来？有健康才有未来，管理者要比下属的父母还要关心他们的身体健康。下属也有自己的希望，希望未来生活更美好，希望子女得到更好的教育，希望父母得到更好的赡养，希望自己的能力和价值越来越大，希望收入和职位越来越高。既然员工在乎这些，管理者就要在这些方面努力帮助他们实现理想。如何帮助？授人以鱼不如授人以渔，用心培养他们，提高他们"做人、做事"两方面的素养，增强他们的能力，增加他们的价值和资本。当管理者发自内心地为下属的未来着想，并采取相应行动的时候，下属自然会对你尊崇有加。

第二是"军事化"氛围。军队的执行力如此之强，他们每天都要接受既严格又刻苦的训练。公司中的"军事化"氛围，要求团队成员统一服装，有严格的等级制度，同时要求把团队文化理念背诵如流，深深植入每一位员工的思想深处。训练体质，磨炼意志，不管训练还是磨炼，都是人生重要的修炼。我们要在团队中植入一种信念：决策前有啥说啥，决策后必须坚决执行，对待制度，要求大家"理解与执行同时进行，在理解中执行，在执行中理解"。

第三是"家庭化"氛围。人们在工作和生活中都追求"爱与被爱"，"家庭化"氛围的意思是给予员工更多的关爱。"爱"是用心感受他人的需要，团队内部所有人都是家人，都是兄弟姐妹，为了相同的目标，履行约定好的职责分工，共同承担风险、分享成果。逢年过节，举办家庭式聚会，还会把员工的家人请来，组织"员工家庭日"之类的活动。

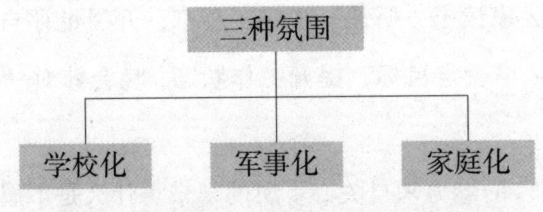

图13　不同的价值观营造不同的文化氛围

四种感觉

管理者除了要建设团队文化，还要时刻关注员工的感受。只有满足员工的一些情感需求之后，他们才会把你当成偶像，全心全意跟着你干。

第一种感觉是安全感，讲的是稳定性。员工跟着你干，能有光明的前途，而且这个前途是能够达到的，是有保障的。你必须有这个本事，让大家相信，你会把你的团队带出成绩，同时你还是一个情绪稳定的主管，不会因为一些小事发脾气，不会说话不算数。

安全感是员工需要的第一种情感，这比财富和地位更重要。一个有责任心的管理者，会和他的团队成员一起为事业打拼，与团队成员不离不弃，成功时不会抛下与他并肩作战的员工，失败后也不会将责任都推到员工身上。他会信守承诺，严于律己宽以待人，用自己的实际行动带动整个团队，为了实现预期目标全力以赴去工作。

第二种感觉是重要感，讲的是唯一性。下属在团队中越被重视，就越有存在感，对团队就会越忠诚，与团队更能深度融合。要时常跟下属说："你是我们团队中最重要的一员，你是独一无二、不可替代的，我们要实现目标绝对离不开你的力量。"事实正是如此，只不过管理者常常忽略团队中一些不起眼的"螺丝钉"，长年累月不主动找员工沟通，不给他足够的重视或鼓励。

管理者可以找时间与下属一起吃顿饭，不用每次都是集体聚餐。找个合适的机会，因为某件事单独邀请某个人，和他一边聊聊天，一边吃个饭。下属会有强烈的荣誉感，感觉到自己的能力是出色的，是可以为团队做更大贡献的，他的这种"重要感"就大大提升了。当团队目标达成时，主管应该感谢每个人，点出每个人的名字，跟每个人庆祝。

第三种感觉是惊喜感，讲的是意外性。天天月月年年重复相似的工作，每个人都会出现疲劳感，动力越来越小。欣赏风景的户外活动，不定期地组织聚会聚餐，安排国内外旅游度假，这些小惊喜可以调节忙碌的神经，让人消除疲劳感。改善公司的工作环境、提高工资或奖金、有价值的系统培训等，这些都是大惊喜，能让员工看到更大的希望。

生活中男人关心老婆，也要不断创造惊喜感，只有让她意想不到，效果才会最佳。如果只知道送花啊、买戒指啊，这些都是最常见的小惊喜，时间久了也就没有惊喜了。真正的惊喜来源于男人的能力不断增强、职务不断晋升、收入不断提高，男人的一生，都要致力于为家庭制造这种惊喜感，一年一个样，年年有进步。只有一生都给家人带来惊喜感的男人，才是妻儿眼里的明星。但现实中很多情况却是相反的，老婆嫁给他时还是一个帅小伙儿，后来却变成了"中年油腻大叔"，外在的改变还不是最重要的，最重要的是冲劲没了、志气没了、锐气没了、脾气差了、心态差了、身体差了。

第四种是给员工"爱"的感觉。"爱"要常常说出口，用行动表现出来，不要等到员工说离职了，你去问他原因，他告诉你说是因为察觉不到有人关心他，他有困难时也得不到帮助。然后你说："天啊，我其实很关心你呀。"但你的这种关心他完全不知道。爱要大声说出口，同时唯有行动，才能证明真正的爱的存在。比如员工的钱包丢了，这个月吃饭都成问题，你只是口头上安慰他说："没关系，面包会有的，天无绝人之路，相信你会有解决办法。"然后没有一丝行动上的帮助，这可不是真正的关心和爱。或许你可以这样对他说："这样吧，咱们刚发了工资，我先借给你点钱，等你发了工资再还我。"不仅解决了员工的燃眉之急，又让员工感受到了你的温暖。

管理者要像太阳一样，把温暖光明正大、敞敞亮亮地传递给每个人，而不要过于含蓄，什么事都埋在心里。

"敢、愿、知"

团队氛围好不好，看一件事就可以明了，就是员工提意见的时候，管理者是怎么处理的。有的领导听不得不同意见，团队不仅气氛压抑，也失去了共同创新的能力。有句老话说"火车跑得快，全靠车头带"，这句话现在说起来有些过时了，因为动车组有好几节动力车厢，如果不能发挥每节车厢自身的动力，就没法跑出高铁的速度。同样，如果不能发挥出团队中每一个员工的主观能动性，团队就不可能挖掘出无穷的潜力。既然领导想让大家提意见，就要完全放开，管理者要理解并且接受一个现实，即下属与你对同一件事情拥有不同的看法是很正常的。任何人都会有盲点，管理者不能太自负，多听听他人的意见，能帮助自己提高决策能力。

管理者的价值观，决定他是否能够培养出"敢、愿、知"的下属。

什么是"敢"？就是敢于提建议。下属为什么敢？因为不管他提出的意见是对还是错，是优还是劣，管理者都会表示欢迎。好的给予表扬，差的给予感谢，管理者必须要有这个胸怀。

什么是"愿"？就是愿意为团队贡献自己的智慧。下属为什么愿？因为管理者有这种魅力，有感召力和吸引力，员工心甘情愿花费时间、精力为团队想办法出点子，并且毫无保留地贡献出来。

什么是"知"？就是知道用什么样的方法提出建议。员工要明白提意见时也充分照顾到管理者的面子，在互相尊重的前提下说出自己的看法，不要一上来就说："领导，你这个想法不对，我给你提一个更好的建议。"这时建议好不好已经不重要了，你这种不尊重人的讲话方式，领导能听得进去吗？另外，提建议不能采取"逼宫"的方式。什么是逼宫？就是如果你不采纳建议，我就撂挑子不干了，或者不好好执行你的决定。管理者给员工提建议的权力和空间，员工同样要给管理者接受和不接受建议的权力，不是所有的建议都会被采纳，这才是真正的民主。

决策力

氛围好的团队中有很多这种"敢、愿、知"的人，他们提出了很多建议，最终由少数人做决策。为什么是少数人做决策？因为这样不仅效率高，质量也高。这里负责决策的少数人应该是团队成员推举出来，得到大家的一致认同，能够代表全体员工的切身利益的。如果任何决策都让所有人参与，不仅浪费时间，也会造成几年都决定不了一件事的情况发生。美国前国务卿鲍威尔曾说："在美国政府，有时候拖延一项决策比做错一项决策所付出的代价更大。"

对于管理者来说，决策力非常重要，决策力有两个重要因素。第一，不能"朝令夕改"，十个决策当中最多有一两个事后调整，而且还要有充足的理由，调整多了就会失去员工的信任。下次你再做出决策后，大家不会马上行动，因为他们在观望，看看你是不是真的不改变政策了。第二，不能"犹豫不决"，犹豫意味着管理者见识不足，不懂得取舍，或者胆小懦弱，没有魄力，才会迟迟不敢做决定。这两点会降低管理者的魅力和权威，作为一名出色的管理者，要坚持多学习，增强判断力，并改变犹豫不决的个性。

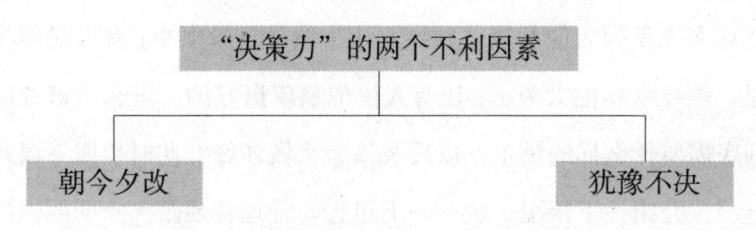

```
        ┌─────────────────────────┐
        │ "决策力"的两个不利因素 │
        └───────────┬─────────────┘
            ┌───────┴────────┐
        ┌───┴───┐        ┌───┴───┐
        │朝今夕改│        │犹豫不决│
        └───────┘        └───────┘
```

图14　多数人提建议，少数人做决策

"两会"

团队氛围好，上下信息传递就畅通，上级能及时向下级传递信息，下级做到及时向上级汇报情况。

对于上级安排的工作，不用上级催促，下级会主动汇报工作进展，让上级"放心、安心、舒心、称心、开心、省心"，这就是一个"六心"级下属。

上级用餐的时候，端起碗刚想吃，突然想起昨天交代给你的工作，不知进展如何，忧心之下，食欲大减。想打电话问问你吧，又怕给你施加压力，影响你的发挥；不主动问你吧，你却跟失踪了一样，不知到何时你才会主动汇报。想到这里，上级不由得焦虑起来。正在此时，你的电话打过来了，听到你汇报的进度情况，上级心里有数了。

团队在形成新的政策、规定前，可以先开一个"听证会"，听取大家的意见和建议，这样不仅可以做出更加符合团队意愿的决策，而且由于下属参与了制定的过程，执行起来更有力度。对一些重要事情的处理结果，要及时、准确地传达给下属，给下属一个明确的交代，这是对团队成员的尊重，同时也可以避免众说纷纭，猜测起疑。

团队中有人被辞退了，主管要跟大家及时说明情况，否则会有各种议论。有人说是因为他惹恼了领导，认为领导气量太小；有人说他早就该被辞退，领导纵容他太久了；还有人说他表现挺好的，怎么会被辞退呢？公司到底需要什么样的员工？以后我该怎么做才好？此时要跟下属开一次"说明会"，介绍一下情况，统一一下思想。管理者要跟大家明明白白地介绍情况，因为什么事什么原因，不得不辞退了这名员工。情况说明之后，各种议论也就消失了，如果还有个别人不理解，觉得辞退的做法不恰当，主管要单独跟他进行深度沟通。如果详细解释之后，他还是对公司的做法不理解，并且不愿意保留意见、好好工作，那么只好请他也离开公司，因为团队成员需要保持思想统一，始终站在一条线上，这是最重要的。

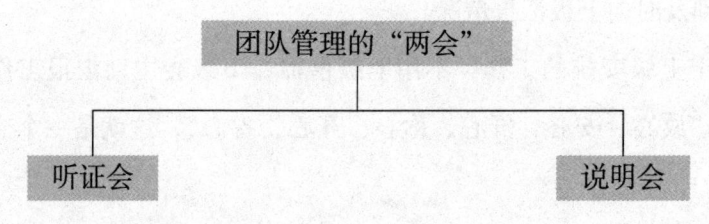

```
        ┌─── 团队管理的"两会" ───┐
        │                          │
      听证会                      说明会
```

图15 通过"两会"保持上下信息畅通

越级沟通

管理者对下可以越级沟通，到基层与一线员工交流，调研基层情况，了解基层心声。发现哪个员工有问题可以记录下来，向这个员工的直接主管说明情况，要求他限期解决。这种情况下，千万不能越级处理，否则就是越权，会令这名直接主管在自己的团队面前失去威信。

上级领导参加下级主管主持的团队工作会议，如果下级主管的表达能力不是很好，员工听起来没有什么触动，上级领导想帮助下级主管树立权威，提高他对团队的掌控力，就要这样说："刚才听了你们主管的发言，这些话表面看似乎没什么亮点，实际上仔细分析，有些方面讲得还是很有道理的，比如……"找出主管发言中的亮点，加以肯定和进一步阐述。经过你的进一步解释，员工认识到自己的水平与领导之间的确有差距，重新对主管充满信任和佩服。反过来，如果上级领导在某一点上认为下级主管做得不好，只要把他发言中的不足之处或明或暗地指出即可，这种方法可以消除当事人的骄傲情绪，磨炼当事人的意志，当然也会在一定程度上损伤当事人的威信，所以要谨慎用之。

下属有问题只能向直接领导反映，而不能越级汇报，如果所有员工都越级汇报，那管理就乱套了。遇到越级汇报的行为，上级领导不能受理，受理就是纵容这种行为。可以让他回去找自己的直接主管，也可以把他的主管叫过来，你在旁边看他怎么处理，及时给予指导和纠偏。员工只有两种情况可以越级汇报，一是反映直接主管的问题，二是员工向直接主管反映了这个问题，却迟迟没有得到答复。

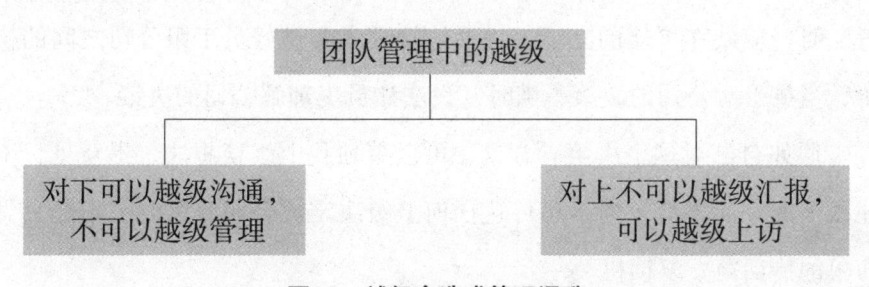

```
                团队管理中的越级
            ┌──────────┴──────────┐
    对下可以越级沟通，        对上不可以越级汇报，
      不可以越级管理              可以越级上访
```

图16　越级会造成管理混乱

"传话筒"

好消息向下传。跟员工要传达正面的信息，不管未来有多少困难和挑战，管理者都要跟大家说一些"胜利在望"的话，要始终让员工相信

"道路是曲折的，前途是光明的，胜利必将是属于我们的"。不要老说不利因素，讲消极的话，以免人心惶惶。团队打了胜仗，要大张旗鼓地宣传，鼓舞人心；若是没有取得胜利，主管要在失利中找到亮点，赞扬和鼓励大家，不要说批评的话。你要传达的信息是，无论成功与失败，下属始终是你的骄傲。有问题可以慢慢处理，而面对失败，管理者首先要检讨自己，不能打击大家的士气。只要队伍没有心灰意冷，就有继续战斗的资本。

坏消息向上传。管理者对上级要反映团队的真实情况。把你对未来的担忧、团队的潜在隐患、眼前碰到的困难，毫无保留地告诉领导，不要有任何隐瞒。如果一味地报喜不报忧，唱赞歌说胡话，假造一派祥和的景象，会使上级不能掌握实情，必然会让上司做出错误的决策，这对整个团队的发展是不利的。

管理者面对下属时，应站在"经营者"的立场上说话；面对"经营者"时，应站在下属的立场上说话。管理者要做好员工跟公司之间的桥梁，当员工对公司的政策不满时，设法让员工理解公司的决策。

假如自己对这个决策有意见，可以单独找上级谈想法、提意见，不能跟下属一起抱怨。向下属传达任何上级决定或公司政策时，不能只做简单的传话筒、复读机。

下属对这些决定或政策不认同时，不能一点解释或开导都没有，只强调这是公司决定的，大家必须遵守。此时大家会怎么看待公司？如果看到大家都一起在抱怨，你就迅速站到员工一边，跟他们说你同样不满意，要是你有权力做决定，一定不会这样。你这是在出卖公司。

真正好的管理者是为公司承担责任的人。假如公司让大家加班，你要告诉员工是你这个领导没有发挥好作用，没有带领大家更快更好地完成任务，才使公司不得不做出让大家加班的决定。

当上级对你的团队成员有意见时，要敢于说出你与领导不同的看法，挺身而出去维护你的部下。上级跟你说："你们团队里的××有问题啊，工作态度不行，你怎么能用这样的人呢？"你很清楚，这是因为上次领导来部门视察时，××给他留下了不好的印象，而实际情况并没有领导说的那么糟。如果你此时只敢随声附和，连声说："是是是，您说得对，回去我就把他撤了。"这样只会奉承上级的主管，传出去之后，还怎么会有人继续拥戴你呢？管理者看到上级对自己的下属有误会时，要敢于站在下属的角度说出他们的心声，直接说明他们的优点，让领导真正了解大家，进而做出公司和员工双赢的决定。

实际上，每次跟上级说自己这个下属很优秀，那个下属非常棒，就是在证明自己带团队的水平有多高。反之，越是附和上级说自己这个下属不行，那个下属很笨，等于在跟领导说自己不会培养人，没有当领导的本事。

团队意识

"人是社会的人，社会是人的社会"，很多人对这句话并不理解。在团队中，你是否有"我是团队的我，团队是我的团队"的意识与态度呢？在公司里，你是否有"我是公司的我，公司是我的公司"的理念和认知呢？在行业里，你是否有"我是行业的我，行业是我的行业"的格局和高度呢？身为中国人，你是否有"我是中国的我，中国是我的中国"的大局观念呢？

营销部门每个月初都会开一次动员大会，主要是总结上月销售情况，落实奖惩规定，做好本月的工作动员。这个月我拿了一万多元的奖金，准备邀请同事吃饭，没想到有的人明确表示没时间，有的人态度含糊，推来推去这顿饭最后还是没吃成。我很难过，别人请客时一呼百应，轮到我请客时都纷纷推辞，看来是自己的人缘太差了。郁闷的时候找人倾诉，张衡是最好的人选，他性格忠厚，对谁都很照顾。我一走进他的办公室，就开始抱怨起来，张衡让我回忆一下，自己平时是怎么跟同事相处的。我开始述说自己来公司以后，心里就记住一条原则，那就是多做业绩，所以主要精力都放在开发客户上，在跟大家相处方面不怎么用心。平时要是有谁请我帮忙，我都会以没时间为理由推脱，因为基本上跟业绩无关的事，我的态度是一概不理。大家同在一个部门，难免出现一些客户归属的争议，从道理上讲可以是你的，也可以是我的，那就一定是我的，归你就坚决不行。就这一点而言，我的原则是"都是我的客户，谁也别想争过我"。当我回忆完自己的真实想法和处事风格后，张衡接过话说："你这是'天下唯我独尊，不准备跟人打交道'的思想，这种想法是要不得的。在公司整天跟这个争，跟那个抢，对这个发脾气，对那个不耐烦，把自己的人际关系搞得这么差，你就不可能有长远发展。因为你的所作所为，大家都看在眼里记在心里，你完全没有意识到，没有同事的协助和支持，你一个订单都做不成。他们对你的支持虽然没有直接帮你拉来客户那么明显，但是你想想，哪一次的客户来访，不需要前台小姑娘的热情接待？哪一次的客户承诺，不需要其他部门一起努力兑现？每次要拜访客户时，你把公司资料顺手往包里一放就行，有没有想过整理这些资料花费了多少同事的心血？你忘记了自己是在团队中前进，照顾不到别人的感受，怎么会不被同事们抛弃呢？你要明白，'人是社会的人，社会是人的社会'，你要好好想想这句话有什么道理，离开了社会，离开了团队，你到底怎么活？"

世上有两种人，一种是表面上很谦恭，骨子里却傲慢得不得了，谁都看不上，谁的话都听不进去。另一种表面上看着有傲气，实则非常谦虚，不轻视任何人，处处向人学习。如果我想进步，想有更好的未来，就绝不能做一个刚愎自用、故步自封的人。所以，无论自我否定多么痛苦，我都必须好好想一想张衡的这番话。经过一个晚上的思考，我终于得出一个结论：不能再继续认为"我就是我，谁都跟我无关"了。我是团队的一分子，不可能脱离同事做成任何一项工作。我应该做到"我是营销中心的我，营销中心是我的营销中心"，我们营销中心所有成员应该像一家人对待彼此。想到这里，我有一种豁然开朗的感觉。思维改变之后，行为就会随之出现改变。从此之后，在部门里只要遇上事情，我都会第一个上前帮忙。碰到有争议的客户，我也会能让就让——都是自己人，何必那么计较呢？这样一来，我跟大家的沟通变得顺畅起来，时间长了，我们也能相处得很融洽。以前我在公司很郁闷，现在每天在公司都觉得很开心。

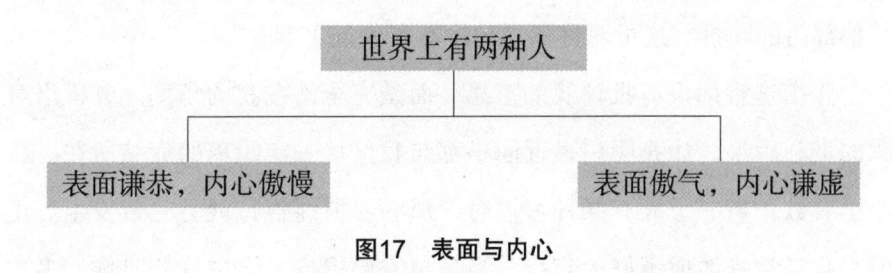

```
         世界上有两种人
        ┌──────┴──────┐
   表面谦恭，内心傲慢    表面傲气，内心谦虚
```

图17　表面与内心

胸怀有多大，格局就有多大

之后的某个日子，张衡专门找我谈过一次话。他问道："前两天，你

是不是在前台对鲁鱼发火了？"我说："是啊，不知道人事部怎么搞的，招来了这么一个'花瓶'做前台。好不容易请客户到公司参观，她连招待工作都会出错，完全不理解我们一线销售人员多么不容易，拉来一个客户有多难。"张衡好奇地问我："你们俩关系不是挺好的吗？怎么发脾气时连她也不放过？"我还是有些理亏，却依然咄咄逼人地说道："我们关系是不错，一般的事情我也不会这样对她。这次是关乎客户的事，她配合不好会影响成交的。而且我也不只是为了自己的业绩，主要是考虑到我们部门的月度目标还没达成，就有些急了。"人们往往都会这样心口不一，面对错误，不敢承认，而是拼命找一些看上去很冠冕堂皇的理由，证明自己的行为是合理的。"我可是为了团队的业绩……"张衡耐心地听我说完，用完全相反的口吻说道："你刚才讲的是事实，她确实没把那次接待工作做好，所以在你责备完她之后，她在人事部经理面前哭着进行了反省，当然免不了也要投诉你。你也要理解她，她那么心高气傲的女孩，被你当众责骂，跟自己的领导一句不提才怪呢。但回过头来看，这件事情让你们的关系破裂了，公司很多人觉得你不能友好地对待其他部门的同事，这可对你的形象也有很大损害啊！"

　　张衡这番话没有批评我的意思，而是完全站在我的角度，分析出对我的不利后果，让我明白最近同事都与我保持一定距离的症结所在。我心里有数，当一个人有某种习惯时，那些习惯性言行就会时常发生。正因为我经常有类似不好的言行，当公司需要提拔一名主管的时候，多数领导会认为，这个人的业绩虽然不错，但个人素质实在欠佳，还是不能让他当主管。张衡点破了这一点，让我明白输在了哪里，我输得心服口服。他又和我说了一遍"人是社会的人，社会是人的社会"，跟我解释说一个部门是一家人，不同的部门同样是一家人，只不过是一个更大的家而已，为什么要区别对待呢？他让我回去再好好想想，期待我能有更大的觉悟。

对别人的话我可能半信半疑，但我绝对相信张衡的话，他的德行一向让人佩服。既然他这么说了，我就继续深入思考，"我是营销中心的我，营销中心是我的营销中心"，这个格局是不是依然很小？都在一家公司工作，不管在哪个部门，不都是同事吗？为什么不能做到"我是公司的我，公司是我的公司"呢？既然在一家公司，还分什么不同的部门？公司打开大门做生意，所有人应该一致对外，同事要成为"相亲相爱的一家人"，这样多好！胸怀有多大，格局就有多大，格局有多大，行为就有多么大气。当我把所有同事都当成自家人的时候，他们也会把我当成了好兄弟，大家在一起沟通就融洽多了，各种事情都可以好好商量。两个月之后，我被提拔为苏州办事处的负责人，主管业务团队。

接下来半年，我每天都要抽时间思考关于格局的问题，认为一切问题都出在格局上。当我的格局不断提升时，我已经跨越了"我是公司的我"，上升至"我是行业的我"，即使是遇见同行和竞争对手，我都能够友好相处。以前遇到竞争对手，总是一副"仇人相见分外眼红"的感觉，现在则不然，我会跟同行携起手来，一起培养市场，坚持理性竞争，共同从市场上挣钱。最后，我终于悟到了"我是中国的我，中国是我的中国"这一层，甚至达到更高的境界，走在街上，看谁都亲切，跟陌生人沟通起来都充满善意。这件事情证明，格局影响人们跟周围人的沟通方式，并终将影响一个人的未来命运。

有一次，我回到上海总部，中午在营销中心坐着休息。张炜突然发出一声感叹："你们看我这么漂亮，怎么一直没人追呢？"众人一片哗然，议论声四起。张炜的确长得很漂亮，工作上很有主见，而且情商也高。我很少碰到像她这么优秀的女孩，平时根本看不到她有沮丧的时候，每天都充满了正能量，不管遇上什么困难和问题，总能乐观积极地面对。一般女孩都会有情绪起伏的时候，可在张炜身上一点儿都看不到，而且她看到有人垂头丧气，还会过去拍拍人家肩膀，安慰鼓励几句。由于我整天都在琢磨"格局"，认为凡事都应该跟格局有关。听了她的话，我想了一下跟她说："肯定是你的格局有问题。"她说："你说这话我没明白，这跟格局有什么关系？"我说："当然有关系，你要把现在交朋友的格局进一步扩大，不要只看到身边这些人，眼光要放长远，这样你的选择空间就大很多了，找到男朋友的机会也将大大增加。"这次谈话没过多久，她竟然真的找到了一个适合的男生谈起了恋爱，这真是格局决定结局了。

试卷 3

一、选择题

1. 沟通时运用什么样的语言、语气和表达方式，取决于沟通者内心世界的价值观、信仰和____。
   A. 认知   B. 观念   C. 道德   D. 文化

2. 不同价值观的管理者，会营造不同的团队氛围。团队的三种氛围分别是____、家庭化氛围和军事化氛围。
   A. 平等化氛围   B. 竞争化氛围
   C. 学校化氛围   D. 理想化氛围

3. 管理者85%的魅力来自____。
   A. 满足下属的"感觉"   B. 营造良好的氛围
   C. 鼓励员工提意见   D. 关心下属的未来

4. 管理者要满足员工的感觉分别是安全感（稳定性）、____、惊喜感（意外性）、"爱"的感觉。
   A. 重要感（唯一性）   B. 责任感（担当性）
   C. 道德感（崇高性）   D. 尊重感（礼貌性）

5. 管理者在做决策的时候，第一不能朝令夕改；第二不能____。
   A. 含含糊糊   B. 犹豫不决   C. 存在风险   D. 当机立断

6. 团队在形成新的政策、规定前，要先开个"听证会"。对一些重要事情的处理结果，要给大家开个____。
   A. 会后会   B. 奖惩会   C. 说明会   D. 研讨会

7. 管理者对下可以越级沟通，不可以越级管理。员工对上不可以____，可以越级上访。

  A.越级沟通 B.书面汇报 C.越级汇报 D.口头汇报

8.当上级对你的团队成员有成见时,作为主管,你要____。

  A.随声附和 B.直接反驳 C.维护部下 D.闭口不谈

二、理解题

  作为团队的主管,如何才能培养出提建议时"敢、愿、知"的员工?

GAO QING
SHANG GOU
TONG

04

沟通定义——"赢了嘴就输了心"

达成共识

沟通首先要有双方——说话方和听话方，然后是双向，也就是要有互动。沟通的目的不是为了把对方说到哑口无言、连连讨饶，让对方觉得你太厉害了，以后见面都绕着你走，而是双方表明自己的需求，找到共同的利益平衡点，甚至可以各退一步，握手言和，达成共识，合作双赢。所以，沟通的定义完整的描述应该是：为了达成共识，双方进行的一种双向互动的交流方式。

很显然，一个人表达能力强不等于沟通能力强。学习沟通技巧，不是练嘴皮子。你会发现，现实中有很多人，他们的话说得不是很利索，表达能力也不怎么强，但很容易跟周围的人达成共识，合作得非常愉快。相反有些人嘴皮子很利索，到哪里都能天南海北说个不停，但他们跟周围的人沟通并不顺畅，合作得也不好，不仅很多事情不能达成共识，很多人也不愿意跟他长期交往。因此，嘴皮子利索和沟通能力强，完全是两回事。

营销部有一个主管叫陈正，熟悉的人都知道，他没什么坏心眼儿，但不熟悉他的人就觉得他的话太多，人很浅薄。陈正的嘴皮子相当利索，说话时喜欢耍小聪明。有一次公司聚餐，一顿饭吃完之后，坐在他旁边的几个新同事都发誓不再跟他来往。为什么？因为跟他聊天的过程实在是没有成就感。在整个吃饭过程中，他都在不断地抖机灵、抢风头，搞得别人无话可说。有些人什么都好，就是输在一张嘴上，要是少说几句，给别人留一些机会，也不至于每次都引起众怒。

沟通时，原则性的问题讲原则，非原则性的问题可以妥协，或者能够礼让为先。多给对方留一些余地，让对方在讲话中也有主人的感觉，体现出沟通一方的主体地位，找到一些存在感、成就感，不然以后人家还怎么跟你聊？你不是大牌明星，不能让人人都给你当配角。

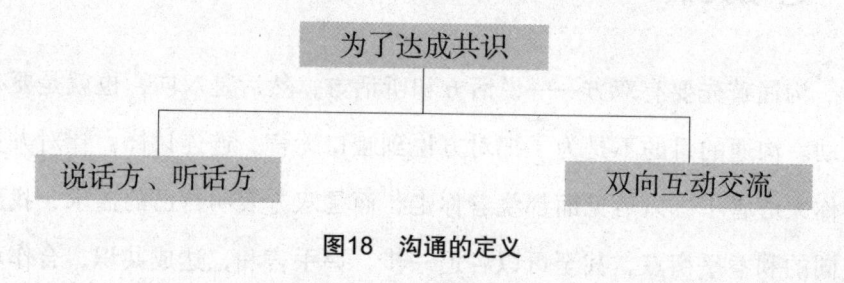

```
        为了达成共识
        /         \
   说话方、听话方    双向互动交流
```

图18　沟通的定义

分享欲

从心理上讲，人人都有一种分享的欲望，也就是说话和表达的欲望。既然人人都有分享欲，你有对方也有，那么我们就应该少说，让对方多说，让对方满足。为什么呢？因为与人沟通中，往往是"赢了嘴就输了心，输了嘴就赢了心"，所以你要思考一个问题，是要过嘴瘾还是要赢人心？沟通的终极目的不就是达成共识、争取人心吗？

分享欲控制不好会变成多嘴、抢话，比如一些电视节目的主持人，嘉宾讲话时他们总要插话，这就是典型的憋不住话，总以为自己见解独到，非要补充几句不可。控制住分享欲，让他人多说，让他"赢"，让他有"赢的感觉"，他的心就会向你越靠越近。

所谓"赢的感觉"，要注意以下几个方面。

第一，要让他讲过瘾，只要让他过了嘴瘾，心里就舒坦了。如果你从事客服工作，对于来投诉的人，该怎么接待？有一种普遍适用的方法，你不用急于解释，他在气头上，先让他痛痛快快地说，让他尽情地说——其实是让他发泄情绪。你始终保持微笑、耐心倾听、积极回应，他说得口干舌燥时，你要及时给他递上一杯水，等他说也说累了，分享欲望也被满足了，看你的态度一直这么谦卑，就会对你充满好感，这就为解决问题奠定了良好的基础。接下来，就要做出适当的补偿，让他知道你是有诚意的，这样他可能怒气冲冲地来，喜笑颜开地走了。现实中，不让对方说过瘾的人，一般笼络不了人心。你光有能力不行，还要有本事，本事是能力之外的东西，"想说的时候忍住不说"就是一种本事。有本事的人情商都很高，情商高的人适合于从事领导工作。

第二要让他占上风。沟通不是开辩论会，不是一定要分出胜负，即使你有理，也不要每句话都把对方驳倒在地，那叫得理不饶人，缺少胸怀和体谅。偶尔被对方说得哑口无言也不见得是件坏事，输和赢要看从哪个角度去说，有时候输就是赢，赢就是输。就像做朋友一样，你忍让我一些，我宽容你一些，我们的友谊才能长久。

因此，我们在工作上可以较真一些，眼睛里揉不得沙子，但平时要把姿态放低一点，大家就会觉得你特别温暖，有亲和力，才会有更多的人喜欢你。

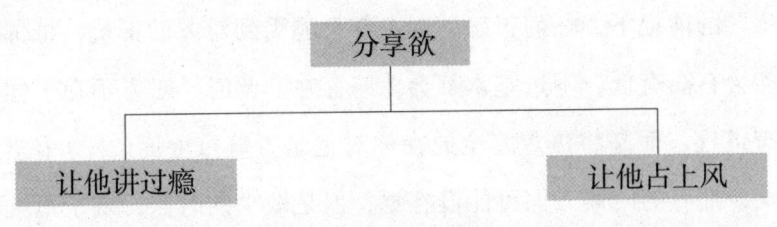

图19 赢了嘴就输了心

四种选择

面对沟通，人们有四种方式可以选择。

第一种是逃避沟通。当你担心说真话会惹恼对方时，就会隐藏内心想法，违心接受你并不认同的观点。在一些重要的事情上，你不敢及时沟通，采取逃避、拖延的方式冷处理，幻想着时间久了问题会被掩盖住，或者问题自己就消失了，实际上往往事与愿违，拖延只能让问题越来越严重。因此，与其逃避沟通，不如积极面对问题。

第二种是隐忍沟通。你尝试向对方提出问题，试探对方的反应。如果对方反应激烈，你会选择隐忍，你不打算一次性解决问题，会根据实际状况循序渐进。

比如你提出让某位亲人或朋友戒烟，他没有马上答应，虽然你有些失望，但是你依然克制着自己不满的情绪。你们谈话的气氛很好，沟通的基础没有被破坏，因此下次还有机会，你知道戒烟虽是好事，却也不是一蹴而就的事情。隐忍不是回避，隐忍更不能压抑自己的想法，你要为自己设计好沟通的步骤和分步指标，让自己一步一步达成沟通的目的。

第三种是直接沟通。到了不得不谈的时候，你就要采取直截了当的方式提出问题。但是，在没有营造好沟通过程中的"尊重感、安全感和信任感"的前提下，任何正确的观点都可能受到对方的抵抗，抵抗的强度可能会有高有低，不过基本都会普遍存在。此时，对方不在乎你说的有没有道理，而是将焦点完全放在你对他是否尊重上面。"尊重感"就像空气，拥有的时候人们可能没感觉，但是缺少的时候，脑子里就不会想其他的方面了。

第四种是有效沟通。在抛出自己的观点时，要注意营造有利于沟通的氛围，增强对方需要的"尊重感、安全感和信任感"，使沟通能够顺利进行下去。这样的沟通不仅不伤感情，还能达成共识，赢得人心。

就比如到晚上睡觉时间了，你让孩子早点去睡，他和你商量再看10分钟书再去睡，你同意了，等10分钟后他自觉去上床睡觉，你们愉快地达成了共识。你希望他早点睡，他表示认同，但希望再给他点儿时间，你认为可以，这是双赢的沟通结果，就这么简单。这跟他"听命"去睡完全是两回事，我们要的不是一味听话的孩子，而是能够与你坦诚沟通、达成共识的孩子。勉强听你的话，以"面和心不和"的方式结束对话，孩子会觉得心里委屈，这种不满情绪迟早有一天会暴发的。

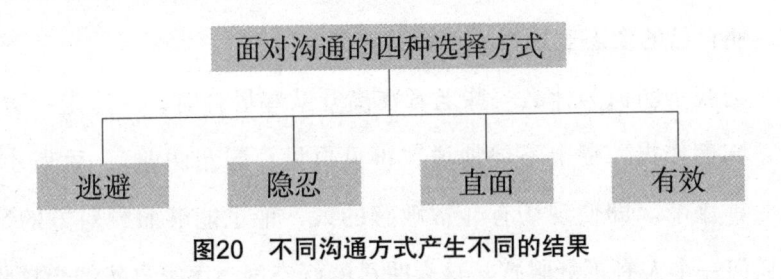

图20 不同沟通方式产生不同的结果

尊重感

当你准备抛出自己的观点时，先要想好一个关键问题——我该怎么做，才能始终维持沟通中的"尊重感、安全感和信任感"，以使我坦诚说出想法的时候，对方能够听进去，而不会引起他的反感？沟通时不但要坦率真诚，更重要的是必须表现出对对方的尊重，以此增加彼此足够的信任感，使对方觉得你的话是充满尊重感的、为他着想的，他愿意继续跟你交流。

如果沟通中的一方感觉到不被尊重，沟通的意愿就会急剧下降。例如沟通时一方的眼神总是飘忽不定不够专注，另一方就会觉得不被尊重，这是很明显能看出来的。再比如好就是好，同意就是同意，非要带上不耐烦的语气说"好吧好吧"；行就是行，肯定就是肯定，非要带着情绪说"行行行"，面对这些不愉快的语气，对方的"不尊重感"就会马上产生，表面上还在和你沟通，实际在他心里却已经停止了。

有时候"不尊重感"是信任度不够所导致的误解。面对缺乏信任的沟通者，只要你的语言、语气和表达方式，没有明显地传达出尊重感，他就会感觉受到了轻视。为了强化听话方的"尊重感"，有时候一些话你需要挑明了说，多强调几次"我很尊重你"。你还需要配合做出一些动作，使自己的姿态表现得更加谦恭诚恳且专注。

以前我不明白为什么一些老者在离开某些场合时，一边走一边双手合十、鞠躬作揖，嘴上不停地说"再见再见，谢谢谢谢"，后来才知道这是一种谦恭。即使现场有非常敏感的人，他也能够照顾对方的情绪，不让任何一个人有不舒服感。这么明显的好态度，大家自然都会接收到，并回报以同样的尊重。事实上，尊重感是相互感应的，你越尊重对方，就越能赢得对方的尊重，所以说"尊重来自被尊重"。

在一家年产值几亿元的民营企业年会晚宴上，老板的先生（挂名董事长，不参与公司的实际管理）吃到一半时感到很不高兴，说公司为了开年会花了很多钱，竟然到现在都没有一个人主动过来敬酒，这帮人太不像话了。我们公司的朱总经理作为受邀嘉宾，就坐在他旁边，听到此言问道："那现在你打算怎么办呢？"那位董事长反问道："这帮人这么没良心，你说该怎么办？"朱总经理笑道："他们不来敬你，你可以去敬他们啊。既然他们没有主动来敬你，那么你就放低姿态，先去敬他们，过后他们就会来敬你了。"在朱总经理的鼓励下，这位董事长端起酒杯，一桌一桌去敬公司的员工，一边敬酒一边微笑着说："你们辛苦了，感谢你们为公司做出的贡献，祝你们新年快乐，阖家安康。"现场大约有20桌，董事长一一敬过去，刚敬完酒回来坐下，每一桌都陆陆续续过来回敬了。朱总经理后来跟我们分享这件事的时候，总结道："我知道这位董事长平时对员工不太上心，当员工对你这个领导表现得不那么尊重时，一定是你的德行方面出了些问题，这时候作为领导的你要做的是先去与他们沟通，先表明自己的谦恭态度。"

在公司的走廊上，下属遇到领导，却没有主动跟领导打招呼，这时候领导不要去责怪下属，可以把姿态放低一点，内心保持平静，反过来主动跟下属打招呼。几次之后，员工就会暗下决心："这不对呀，怎么每次都是领导主动和我打招呼呢，下次我要先跟领导打招呼。"从第二天开始，每次下属与领导相见，还没等领导开口，员工的问候就先到了。这就是"尊重来自被尊重"，被人尊重的原因不是职务，而是你值得尊重，其中有一个前提就是你要先尊重人。

安全感

在沟通中，如果对方觉得你没有注意到他的利益，对他在乎的事情毫不关切，"不安全感"就会油然而生。为消除对方因为误解产生的"不安全感"，你需要说一些话或做一些事，比如多次强调你知道对方的利益和关切所在，用行动告诉对方你不是自私的人。在你明确的语言提示下，对方的"不安全感"就会慢慢消除，只有这样，良好的沟通才可以继续。

我是一个很难听进去别人的话的人，从小防范心理就比较重，疑心也比较重。遇到一件需要双方沟通的事，有城府的人会选择不再多言，怕说多了会得罪我；能隐忍的人会认为时机不够成熟，怕万一翻脸了，局面不好收拾，等待机会再说。张衡一直都很公道地对待我们每一个人，跟我沟通的时候，真心为我好，完全没有私心，这点我相当清楚。当一个人无论跟你说什么，你都确信他是为你好的时候，你就对他翻不了脸，这种由信任带来的安全感会让沟通顺利进行下去。

在你和他人的交流过程中，尽管对方的观点听起来让你的内心不舒服，你却没有产生抵触情绪，反而会认真聆听他传达过来的信息，仔细思考他的看法，让自己能够坦然接受对方的意见。为什么会这样呢？因为你认为对方在沟通的过程中，充分考虑了你的利益，完全站在你的立场上处理问题。他不会做出对你造成伤害的事，即使语言过于激烈也是为你好，没有任何私心杂念。

有人会说："不会吧，我天天催女儿结婚，一直都在强调是为她好啊，她也知道我是为她好，为什么就是没法跟她沟通这件事呢？"看起来情况是这样的：催婚是你们谈话的主题，而她对这个话题很抵触。有没有一种办法，当你跟她谈起这方面的事情时，她能够耐心地听下去呢？答案是有，一定有。只要你做到让她认为，你在对话过程中充分考虑了她的利益和感受，让她对你说出的话有安全感，让她真正相信你的心意和能力就可以了。只要你将纯粹的催婚变为"没有丝毫的情绪和偏见，真心地和她探讨怎样共同解决婚姻问题"，而你又恰好具备一定的解决这个问题的能力时，她就能够静下心来和你探讨婚姻问题了。如果你没有这方面的能力，也没有将自己的思想转变过来，光会嘴上催她，那还是尽量少说吧。结婚这种事，当事人永远是最在乎的，怎么可能要别人催呢？

当你进一步表态说："闺女，哪怕你将来错过了结婚的好年龄，或者你还没准备好结婚，无论哪种情况，我都会与你共同面对，我都会支持你的决定。"如果你真能做到这一点，你的女儿就能真正感受到你完全为她着想，就会耐心地聆听你想表达的信息。试想一下，有谁不愿意好好面对自己的婚姻问题呢？因此，结婚这件事绝不是不可以讨论的，只是她会排斥无谓的、无聊的、无用的，或者是压迫的、威胁的、羞辱的沟通。为什么这个话题在一般家庭里不好沟通，甚至让父母与子女之间形成很大的误会与隔阂呢？来看看父母平时是怎么做的吧。他们总觉得儿女拖着不结婚会让自己丢人，开口闭口就是责备或者威胁，他们没有认认真真地聆听或者读懂儿女内心深处的需求。他们只是口头上强调为了儿女好，内心之中却都是自私的念头。除了催促、抱怨、责怪、嫌弃，甚至以断绝关系相逼之外，看不出女儿实际上比他们还要焦急和无奈，如果儿女跟父母的沟通缺乏安全感，儿女也就不会相信父母的心意和能力了。即便父母一再强调是为儿女好，双方依然无法进行友好而有效的沟通。

信任感

有一次，张衡对我说："你这个人这么犟，为什么却能听进去我的话呢？因为我经常苦口婆心地劝你，真心真意地关心你的工作，还包括你的生活，我不仅是你的上司，还是你的大哥啊。"是啊，张衡在我心中，身份是多样的，他不仅仅是上司，还是大哥一般的存在，也像师傅一样时时教导我。他每次跟我沟通某件事情，无论哪方面的话我都能听进去，就是因为有这种信任感。我之所以能在他的劝说之下做出改变，不断进步，就是因为无论我的表现如何，他首先相信我是可以变好的，相信我的本质和潜力，而我也感谢他的信任，更会努力做到值得他信任。我们沟通的基础是相互信任，首先我相信他是真心为我好，然后他相信我可以做得更好，对我始终报以希望。"信任来自被信任"，有时候我做的事很离谱，但是他依然信任我，我就会暗下决心，哪怕付出再多的努力，也不能辜负他的信任。

家庭中的夫妻双方，是否要相互信任、相濡以沫呢？首先我们要明白，夫妻双方如果能做到相互信任，其中关键的一环是在你们感情很好关系融洽的日子里，都要在言行方面有意表现出信任，要将夸赞的话经常放在嘴边。例如，老婆可以对老公说："老公，你是最棒的。我知道你是我的好老公、儿子的好父亲、父母的好儿子，我相信你。"

事实上，很多人做错事往往都是一念之差，之后才会越来越糟，一发不可收拾。当我们第一次面对诱惑的时候，如果心里有一个声音这么说：家人这么信任你，你怎么能做出对不起他们的事情呢？你怎么能让他们失望啊？你很可能就抑制住了欲望的延伸。这有点像戒烟，靠自己内在的意志强迫自己是可以，但如果还有一种外在的"动力"来激发心底的自我约束力，那就更容易实现戒烟的目的了。

我们要常常思考，当我们与人沟通时，是否能够有效地传递出一种信任，然后让这种信任成为对方约束自己行为的外在动力。

用人就要信任人，婚姻中的双方也要互相信任，在语言上、行为上表现出对他的信任。信任是给对方的心理暗示，让他产生自我约束力，如果他没有自我约束力，任何监督管理的方法都是徒劳的。当然了，信任是信任，该检查的时候也要检查，越信任谁就越要检查谁。这个道理也同样适用于公司的管理，如果下属对你说："你不是说信任我吗，为什么还要检查我？"你就要对他说："正因为信任你才要检查你，要用检查的结果来证明你确实是值得信任的。"检查过后，要按照检查情况实施奖惩，保证检查工作实现闭环。检查不是为了查出问题时处罚某个人，而是为了让他始终对自己的行为保持自我约束力。

下属做事时，领导要给予充分的信任，这样他才会更有信心，有信心才会发挥出自己的最大潜能，完成任务的可能性就会增大。在做事之前，一般员工都会有两种心理。一是胸有成竹。此时，我们要继续加强他的信心，并给予必要的指导和监督。二是诚惶诚恐。你看出了他的慌张，并质问道："你到底行不行？感觉你好像没有底气啊！"说罢摇头不已，他就更没把握了。事情还没有开始，失败却已经注定了。因此，即使对下属的能力有所怀疑，如果你还想继续让他做，那就不要表现出怀疑，反而要跟他说："你一定行的，我看好你，你根本不知道自己有多厉害。要相信自己，既然我让你做，你就一定能够做好。"

信心是一种感觉，管理者要时时把这种感觉传递给下属，因为有信心是完成任务的前提。有了这个前提，员工才会竭尽全力去做，才会主动去克服困难。当然，即便他再有信心，在其执行的过程中，管理者都要不断地给予引导、提醒、监督和检查。因为信任他只是让他找到完成任务的最佳感觉，不代表放手不管，随意让他折腾，不能把必要的过程管理都省略了。质疑会让人气馁，而信任会让人表现得更好。不断的质疑，会让一个值得信赖的人背叛你；持续的信任，会让一个有非分之想的人及时收敛，久而久之，他就会越来越值得信任——因为你在背后对他的监督从未松懈！

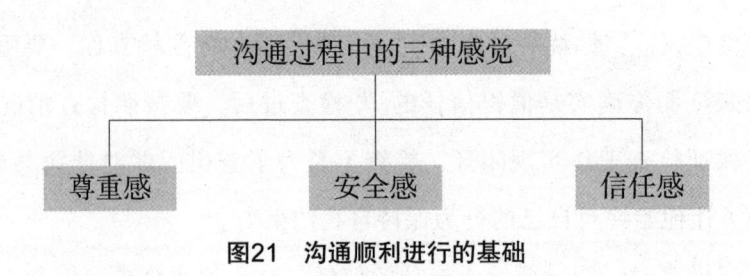

```
         沟通过程中的三种感觉
                 │
    ┌────────────┼────────────┐
  尊重感        安全感       信任感
```

图21　沟通顺利进行的基础

坏人与好人

如果沟通中缺乏信任感，善意就会被解读为恶意，恶意自然会被解读为恶毒了。

上司对迟到的下属说："还知道来上班啊，我还以为你买彩票中了大奖，准备辞职不干了呢！"乍一听，这句话是有恶意呢还是没有恶意呢？如果双方有足够的信任，下属会开玩笑地说："就算我中了大奖，也要专门来感谢您的培养和照顾啊。"而在缺少信任的前提下，下属会朝坏的方向解读，直接把上司定位成"敌人"，下属心想："我们主管就是水平不高，天天盯着这点小事。"在这种思维的影响下，下属根本就不会有回应，而是一言不发转身走了。一旦下属给领导贴上了对立的标签，自己就会随时选择"错误的回应方式"，而且心里会认为这么做是理所当然的。

看到对方用不友善的方式跟你沟通，你首先要这样思考："一个理智正常的人为什么会这样跟我说话？我的问题出在哪里？我该怎么做才会对事情产生正面而积极的影响？"不要忙着把对方定位成"不正常"的人，否则你就不会认识到自己可能有错在先了，也不会考虑正确的反应应该是什么。

你拼命按喇叭催前面的车快点，心里跟着了火似的。实际有可能只是你太着急了，同时你忘了自己也有开得很慢的时候。事实上，大多数人和我们一样，都是善良的普通人，你所认为的"坏人"，很多时候是自己想象出来的。你将想象的罪名加到对方身上，然后以错误的方式对待他，还觉得理所当然，这有道理吗？

不要轻易对一个人下结论，同时也不要轻易相信结论。当有人告诉你，张桦是个好人，你就相信了吗？你得问他："为什么你说张桦是个好人？"于是他告诉你一件事："昨天下午六点，在浙大华家池校区大门口，张桦捡了一个黑色的皮包，里面有10万块钱。为了等到那个失主，她在原地等了3个多小时。当失主匆匆忙忙赶来，准备给她2000块钱作为回报时，张桦当场谢绝，转身而去，连名字都没有留下，之后她也没跟任何人提起过。还是失主心存感激，跟学校反映了这件事情，通过查看监控录像才知道是她。你说张桦是不是好人？"你会说："她确实是好人。"其实通过这一件事就做出判断也很片面，如果张桦只做过这么一件好事，却干了很多坏事，你还会说她是好人吗？因此，不要相信结论，要相信事实和数据，不要在心里为别人贴标签，并以此为自己的错误言行开脱，这是沟通的大忌。

缺胆量

我上中学的时候，如果在校园里面老远看到班主任走过来，就会赶紧判断一下他有没有看到我。如果判断他没有看到我，我就赶紧转身溜了，连一声"老师好"都不愿意说。其实打声招呼没什么，可万一他抓住我问作业怎么办？这谁受得了啊？哪个学生不怕？没有哪一个学生会主动找班主任询问自己的学习情况，不仅不会去，还希望老师最好一个学期都不找自己。

一般下属跟上级沟通时都会有些紧张，怕自己表现不好，怕领导问工作情况，怕没事聊出点儿事来。因此，我们很少见到下属主动找领导聊工作，领导也不要指望下属会这样主动。领导喜欢强调："你们有什么心事和想法，要主动过来找我聊，我办公室的门随时向大家敞开，尽管来就行了。"可惜强调了很多次，也没见几个人过去找他。下属心想："我不仅不会去找你，最好你也永远不要来找我，咱们各干各的好了。"这是为什么呢？就是人的天性——向上沟通时缺少胆量。这是天然的障碍，下属心里总会有一些担心。那怎样克服这个障碍呢？上级要主动，主动发出沟通邀请，主动做出信任友好、尊重平等的姿态，主动营造安全的沟通氛围，重视与下属的交流。即使领导平时很严肃，单独谈心时也应该和蔼可亲。领导不能只表现出一种性格特性，在不同场合和背景下，要展现出不同的状态。

缺心情

一个局长跟门卫大爷聊天，一边叹气一边说："唉，现在当局长真不容易啊，一不小心就有麻烦。"老大爷表面上很同情他，心里却想："你就在我面前装吧，当局长多好啊，要不咱俩换换？"如果这个局长跟另一个局长说出这番话呢？得到的回答一定是："是啊是啊，现在真是任务重、压力大啊！"你看，两个人之间马上产生共鸣了。老板跟你说："唉，年年春节一过，初八就开始上班了，机器一开，一直要忙到年底。问题总是不断出现，一天都不消停，累死累活就赚个几百万，真没意思，现在生意不好做啊！"你看，人家年年重复同样的工作，赚几百万都觉得无聊了。你是员工，心里会怎么想？恐怕会想："要是我能一年赚几百万，比你累十倍都愿意。"老板只有跟另一个老板说出自己的困惑，才能得到发自内心的回应。因此，领导一般不愿意跟下属沟通，觉得他们听不懂自己的话，无法真正理解自己，还是跟地位相同的人讲比较好，能够心意相通，产生共鸣。这叫作"向下沟通缺心情"，不是下属不想理解领导，实在是所处的位置不同，看待事物和问题的角度也就不同，甚至连平常接触事物的性质也是有区别的。正如只有做了父母，才能真正体会父母当年的不容易一样。

问题是，即便是你没有心情，领导也不能不跟下属沟通。管理好团队的第一要素，就是愿意花时间跟下属在一起，跟群众打成一片。对团队最大的投资是你自己的时间，而不是其他方面。投入多少时间，就能产出多少效益，这是成正比的，感情是这样建立起来的，"上下同心，其利断金"，也是这样培养起来的。不管上级是否愿意，要想做好管理，就需要经常跟下属沟通。

父母和子女、老师和学生之间，也是同样的道理。上对下沟通，是了解他们的情况，掌控他们的行为。领导跟下属聊聊天，对于下属来说，这是一种重视，是一种激励。

我有一个关系很好的朋友，有一次我约他吃晚饭，不巧那天是他们团队聚餐，几天前就定好了。此时他会怎么选择呢？有的人会立刻推掉聚餐，跑来跟老朋友见面，显得非常讲义气，但是这会影响他在团队中的威信。有的人会跟朋友"请假"，拒绝老朋友的见面邀请，这也不是什么好策略。我这个兄弟怎么做的呢？他说："哥们儿，今晚我们团队定好了要聚餐，实在是太不巧了。这样吧，晚上你也来吧，认识几位新朋友，然后我再跟你单独出去聊。"我说："好啊，这可是两全其美的事。"

去了之后果然很热闹，看他跟团队成员打成一片的样子，我也很开心。一直聚到晚上九点，我们又一起去茶馆喝茶，聊得很尽兴。这种始终不抛下团队的做法，我是非常认同的。

缺胸怀

人们往往"严于律人，宽厚待己"，自己做错了事，希望别人一定要谅解我。"我多么不容易啊，每天事情那么多，难免会出差错。机器都有出错的时候，更何况我是人不是机器呢？你们一定要原谅我，下次你们有事，我也原谅你们。"可等到别人出错给自己带来影响的时候，就完全不记得自己当初说过的话了，对别人的错耿耿于怀，完全不能忘记。"你怎么能出错呢？你知道你一出错，会给我这里带来多大的麻烦吗？不行，你一定要赔偿我的损失，一定要向我道歉。"只要别人一出错，那就是不可原谅的，他就是诚心想给你添麻烦；自己做错了事，就是逼不得已，顶多是好心办坏事。

这叫"平行沟通缺胸怀"，其实应该反过来，当自己做错事的时候，要主动跟对方说："给你带来了这么大的麻烦，实在是不好意思，我愿意承担责任，以后一定严格要求自己。"这样做才有资格获得别人的谅解。等到别人犯错误的时候，不用对方说，你要主动跟他讲："你也不容易，犯错误是难免的，我们一起研究怎么挽回损失、怎么解决问题吧。"对方一定会十分感激，被你的善解人意所折服，下定决心以后不再给你添麻烦。

试卷 4

一、选择题

1. 沟通的定义：为了____，双方进行的一种双向互动的交流方式。
   A. 说服对方　　　　　　　B. 沟通顺畅
   C. 达成共识　　　　　　　D. 握手言和

2. 满足对方的分享欲，第一是要让他讲过瘾，第二是要让他____。
   A. 畅所欲言　　　　　　　B. 言无不尽
   C. 占上风　　　　　　　　D. 说关键

3. 赢了嘴就____。
   A. 输了心　　B. 过了瘾　　C. 当仁不让　　D. 合作双赢

4. 面对沟通有四种选择：逃避沟通、隐忍沟通、直面沟通、____。
   A. 耐心沟通　　　　　　　B. 沟通顺畅
   C. 有效沟通　　　　　　　D. 握手言和

5. 沟通过程中要随时注意调节气氛，营造三种感觉：尊重感、安全感和____。
   A. 幸福感　　B. 稳定感　　C. 优越感　　D. 信任感

6. 尊重来自____。
   A. 事业成功　　B. 被尊重　　C. 被鼓励　　D. 被捧场

7. 信任来自____。
   A. 检查　　B. 信心　　C. 胸有成竹　　D. 被信任

8. 沟通的三大障碍分别是：缺胆量、缺心情、____。
   A. 缺梦想　　B. 缺目标　　C. 缺胸怀　　D. 缺自信

二、理解题

判断对方是好人还是坏人,依据是什么?

GAO QING
SHANG GOU
TONG

05

同理心——"感同身受,善解人意"

以小见大

如果你急匆匆走在公司走廊上，不小心踩了领导一脚，领导弯下腰喊了一句："哎哟……"他的脚被踩疼了，低头一看，鞋也被你踩扁了。请问这时你会如何反应？大多数人会说："对不起，对不起，我真不是故意的……"领导看着你，无奈地笑了笑，说了一句"没事"，然后转身离去。如果你不是彻底的没心没肺，多少都会有一些懊恼。这种处理方式，不是说不行，而是应该考虑一下有没有更好的方法。每一次与人沟通，都是一个加分或减分的过程。面对这种情况，你的言行可能不会给领导留下什么印象，也可能会给领导留下好印象，把坏事变成好事。还有第三种可能，即你给领导留下了不好的印象，他会觉得你毛毛糙糙，办事不牢靠，以后有什么重要的事情都不敢让你承担，这就影响职场发展了。

如果运用同理心的沟通技巧，那正确的做法应该是什么呢？

首先我们要分析，此时领导心里在想什么？领导主要有三种感受，脚疼、心疼、嫌你走路不小心。为什么心也会疼呢？我们说与人沟通的时候不要过于迟钝，要做一个敏捷的人，思维反应要快。这时候你只要迅速观察一下就会发现，领导今天穿的是一双新鞋，可能是第一天穿上，就被你踩了一个大脚印，能不心疼吗？至于觉得你办事不稳重，那也是非常正常的。因为领导都喜欢"以小见大"，在细微处观察你的表现，从而判断你是一个什么样的人。因为平时没机会通过大事了解你,只能从小事入手。

这就好比老丈人看女婿,会通过一起打麻将、喝酒,判断出女婿的人品个性。如果输一点钱就耍赖,喝一点酒就耍酒疯,那女儿嫁过去能放心吗?有一个女孩问她爸爸,自己将来应该嫁给什么样的男人?爸爸想了一下说:"我不会要求你嫁给有钱人,因为有钱到最后可能会变成没钱。我也不会要求你嫁给有权的人,因为有权到最后也可能变成没权。我想说的是,如果你将来在社会上,碰到那种见人愿意鞠躬,随时向人学习,始终待人谦逊的年轻人,你就可以嫁给他,因为他的成长会非常快,会有很多人愿意帮助他。"

看一个人的性格,也可以通过小事情来判断。在这个世界上,我们发现,大人物是"大事能够做成功,小事同样做得很漂亮";小人物是"大事没机会做,小事又不屑于做,到最后是一事无成"。

有一个年轻人,大学毕业后给一位老师当助理。一个月过后,老师找他谈心,问他为什么平时连倒茶递水、拎包开门这种小事都做得无精打采?偶尔让他做个方案、写个报告,也表现得不怎么用心。年轻人一开始支支吾吾,不肯说真话。在老师耐心的开导之下,终于说了实话。他说:"我原本以为跟着您能够参与很多工作,比如课题开发、项目研究等。结果来了之后才发现,您整天让我做的都是这些鸡毛蒜皮的小事,我觉得自己不是来做这些事情的,所以我就没打算用心把小事做好。"老师深深地叹了一口气,问这个年轻的助理:"你仔细想想,自己将来想做一个什么样的人?"这位同学回答道:"我就想跟您学习,将来成为您这样受人尊敬的老师。"老师点了点头,鼓励他说:"你能有这样的理想,非常好,年轻人嘛,就要胸怀大志。同时还要努力,要奋斗,知道在成功之前，要走很长的路，要让自己一直走在通往更高目标的道路上，这一点我很欣赏你。"赞扬完之后，老师又问道："你想向我学习，成为像我这样的人，如果我重点培养你，是不是成功的速度会更快一些？"这位同学说："那当然了。"老师语重心长地说："你知道吗？现在你在我心中就是那个连端茶倒水这些小事都做不好、不用心做的人，你觉得我会用心培养你吗？我本来是要培养你的，但是你却用这些连小事都做不好的方式，把机会弄丢了啊！"看着年轻人幡然醒悟的样子，老师继续点拨道："通往成功目标的道路只有一条，就是把眼前的工作做到极致。你必须要把眼前的小事做到极致，才能获得走向成功的机会。在小事中体现品格，先把这一关过了，才有接受下一关考验的机会。你说是不是呢？"自此之后，年轻人开始变得踏实起来，一步步迈向成功。因为他明白了，"成功不是因为速度快，而是要循序渐进"，要一关一关地过，第一关都不想努力，就要直接挑战最后一关，能实现吗？

感同身受

所以在踩脚这件小事上，让领导给你贴上一个办事毛糙、不堪重用的标签，那是相当划不来的。既然领导有这三种感受，就要对这三种感受充分理解，并且用三种语言表现出来，让领导知道，你已经完全体会到他的感受了。这就是同理心沟通。

同理心，可以用八个字来概括，前四个字是"感同身受"，发生在别人身上的事情，就像发生在自己身上一样，此时他身上的感受，就是你身上的感受。如何才能把这种"感同身受"表现出来？这时的你，要用非常肯定的语气说："哎呀，一定很疼吧？真是不好意思，都是我的错。"紧接着迅速观察一下,继续说:"您这么新的鞋,竟然被我踩了一个大脚印,真是太不应该了,要不我赔您一双新鞋吧。"此时,领导会认为你能够快速认识到错误的性质,并且会采取一定的补救措施,遇事反应比较快,当然他肯定不会让你赔一双鞋的。形容同理心的后四个字是"善解人意",这就是领导此时对你的感觉,他会觉得你特别理解他的心情。最后,还有一个重要的问题需要解决一下,你必须要消除在领导心目中办事毛毛糙糙的印象,切记要三言两语、简明扼要、清清爽爽,把自己多么着急去办一件多么重要的事情讲清即可,不能长篇大论。领导听完之后挥挥手,让你赶紧去忙吧。这时你不要再纠结,礼貌地打个招呼就可以离开了。领导看着你远去的背影,心想:"这人还是挺聪明稳重的,遇事不慌张不纠结,还善解人意,思维敏捷,这不就是我苦苦寻觅的人才吗?"

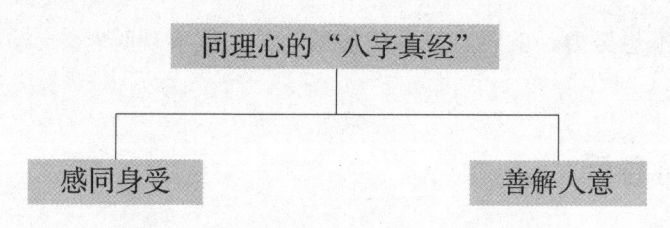

图22　用心体会对方的感受并表达出来

得失人心

一件事情发生之后,你跟对方怎么沟通,往往就会决定"得到人心或失去人心"的结果。如果你踩了上司一脚,他的反应比较痛苦,你却只说几声对不起,那你给他留下的肯定是不好的印象。如果运用同理心沟通的方式,他就会对你刮目相看,甚至觉得由此发现一个人才,这才

05 同理心——"感同身受，善解人意"

是沟通应该达到的效果。

我们常常希望在生命中有贵人相助，但是我们必须先想清楚，什么人才最有可能成为自己的贵人？就是那些离我们最近的走在我们前面的人，比如我们的领导、前辈，甚至偶尔有交集的陌生人，他们赏识你，给你一个机会，这就叫贵人相助。那贵人为什么要帮助你呢？理由非常简单，因为他欣赏你、认同你，觉得你这个人不错，觉得你值得帮助。这意味着你在跟对方打交道的过程中，给他留下什么样的印象至关重要，这将决定你是否拥有更多贵人相助的机会。

卡耐基说："一个人的成功，15%靠过硬的专业知识，85%靠顺达的人际关系。"同一个职位，在几个人能力相当，基本都能胜任的前提下，谁的人际关系好，得到的支持多，谁最有可能获得重用。很多人落选以后会感叹地说："他能力不比我强，为什么偏偏是他？"其背后的逻辑是，赢得大家的支持本身就是一种重要的能力。

人与人之间智商相差不多，你不比别人多长一个耳朵，别人也不比你多长一只眼睛。很多人之所以能够获得成功，除了努力这个因素以外，主要是他们在人际交往中、在职场工作时，"上"能得到父母、领导、贵人的认可、信任和提携，"中"能得到朋友、兄弟、同事的支持和关键时刻的力挺，"下"能得到子女、下属、晚辈的尊重和无条件的追随。仅仅依靠个人奋斗很难成功，现代社会更需要团结协作，更需要来自别人的支持和帮助。

什么叫"无条件追随"？就是敬佩你的人格魅力，愿意跟着你干，并且无怨无悔。成功的人能够赢得"上、中、下"的人心，到最后肯定是"得人心者得天下"。我们在与人沟通交往的过程中，必须要一次次得到人心，而不是一次次失去人心。踩了领导一脚，如果你毫无反应，那是你失礼；如果你惊慌失措，那是你遇事不够镇定；如果你仅仅就说几声对不起，那你是普通沟通者；如果你选择同理心沟通的方式，既合理表达出自己的歉意，又让对方的心情得到安抚，同时又让对方发现你高超的沟通能力，那你就是赢得人心的高手。

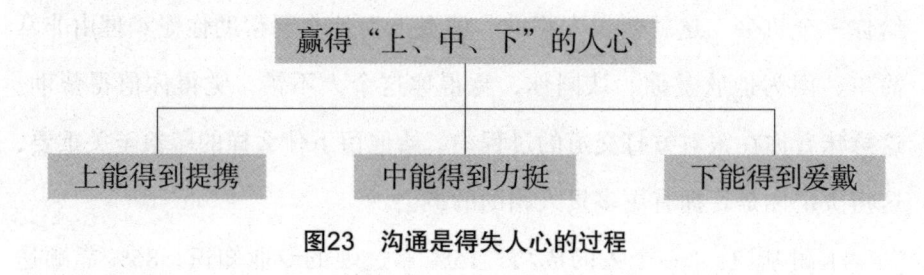

赢得"上、中、下"的人心
- 上能得到提携
- 中能得到力挺
- 下能得到爱戴

图23　沟通是得失人心的过程

如何定义？

什么是同理心沟通？完整的定义是：站在当事人的角度和位置上，客观地理解当事人的内心感受及内心世界，且把这种理解传达给当事人的一种沟通交流方式。注意不是"说"，而是"传达"，借助三种语言全方位立体式传达，对方才会认为你是真正的"感同身受，善解人意"。

为什么一定要采用三种语言全方位立体式沟通，把你理解到的对方内心感受传达给对方呢？因为这种传达像表演——表演得越到位，对方看得越清楚，越能从心里感受到你的理解。

记得以前考驾照时有一项是路考，刚过一个十字路口，旁边的考官就说："靠边，靠边……"我心想这下完了，肯定没考过。果不其然，停好车以后，我问考官有什么情况，考官说："你过十字路口的时候，应该两边都看看。"我马上说："我看了啊。"他说："我没看到啊，也没感觉到你看了，知道吗？"好在还有一次补考的机会，再过十字路口的时候，我先扭头向左边点头，表示看了一下，再扭向右边点头，表示又看了一下，这次我就顺利通过了。因为我再过路口时，把我的动作清晰地表现了出来，考官也看到了我的表现。

因此，我们在传达信息的时候，不是你觉得表达清楚了就行，而是你用什么样的方式，能让对方明确感受到你对他的内心世界"感同身受"——表现得越到位，对方感受越深切。

两大区别

同理心有别于换位思考。换位思考只做了第一步——站在对方的立场和角度，充分理解当事人的内心世界和内心感受——没有做第二步，没有把理解到的对方的内心世界和内心感受传达给对方，让对方知道你和他感同身受。

同理心有别于同情心。两者都非常理解对方的内心世界和内心感受，不同之处在于，同理心有自己的立场，而同情心没有立场。如果一个年轻人因为失恋在哭泣，"同情心"会非常理解对方为什么哭，失恋肯定是痛苦的，尤其是年轻人第一次恋爱。理解过后还可能跟这个年轻人一起抱头痛哭，因为你想起了自己曾经失恋的痛苦经历。"同理心"同样非常理解失恋的人为什么会哭，但是理解归理解，你的立场是不一样的。你觉得不应该痛哭流涕，失恋并不代表自己不够好，没有哪个恋人是不可替代的，时间会让你彻底忘记那个不合适的人。

由此我们发现，同理心是一种"非赞同"的沟通方式：理解当事人的内心世界和内心感受，对当事人的内心世界感同身受，但不一定代表赞同当事人的观点。比如，我理解你今天上班为什么迟到，不代表我认为你这么做是对的，是可以免于处罚的。每件事情背后都有一大堆理由，我们需要明白的是，理由归理由，责任归责任。我知道你为公司立下过汗马功劳，但是这不代表你可以不遵守纪律，越是功劳大的人越应该谨言慎行、低调内敛。

需要说明的是，在管理上，功是功过是过，功过不能相抵消。有功的地方要奖，有过的地方要罚。

同理心就是要敢于说"不"，学会说"不"。当需要说"不"时，可以继续面带礼貌的微笑，让"不"听起来像"是"一样好听。

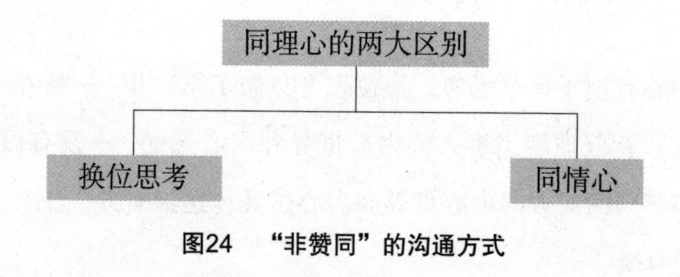

```
         同理心的两大区别
         ┌──────┴──────┐
      换位思考         同情心
```

图24 "非赞同"的沟通方式

善解人意

有这么一个故事，讲一个病人一直觉得自己肚子里面有只猫，可周围没有一个人相信，连妻子都觉得他胡言乱语。除了这一点外，他平时都像普通人那样生活、工作，本来他认为这只猫在身体里挺温顺的，所以就没有过多关注它，可那天却不知为何它突然变得凶恶起来，他想把猫取出来，于是这个病人就用刀把自己割伤了，最后他被送到了急诊室——一个多么不可思议的故事。接诊医生问明情况后，准备把他的伤口包扎好，让家属送到其他的医院。病人大喊大叫："我没有病，我肚子里真的有只猫啊。"此时主角医生出场了，只见这位医生在他的肚子上仔细检查了一遍，然后告诉他："确实有只猫，现在要解决的话很简单，开个刀取出来就好了。"病人连连点头表示可以这么做，医生吩咐病人的妻子赶紧去买只猫，等会儿当成手术取出来的那只。

病人很听话，上了手术台，医生们假装进行手术，一会儿取出了一只浑身沾血的白猫。病人一看是白猫，差点昏了过去，大声惊呼不是这只，因为在他印象中，自己肚子里的是黑猫，绝对不是白猫。医生只好吩咐那位妻子再去买了一只黑猫，把手术重演了一遍，直到取出黑猫，病人才算放心了。出院时，这位病人紧紧拉着医生的手，哭得上气不接下气。医生安慰他说："不用担心，已经完全治好了，不会有任何后遗症的。"

病人一把鼻涕一把泪，不住地摇头道："我哭不是因为担心手术有什么后患。医生啊，我这半年心里憋屈啊，我知道自己肚子里面有只猫，可是无论我怎么跟他们说，没有一个人相信我。他们都觉得我有病，连我老婆都这么说，只有你才相信我，理解我的痛苦，我真的太谢谢你了！"

这个案例告诉我们，人要是不被周围的人理解，会多么痛苦。反过来要是能够被人理解，又是多么幸福。即使对方的行为如此疯狂，你依然理解人家，因为你明白这个世界上什么人都有，知道不同的人生经历会造就不同的人，一切存在都有自身的必然性。所以，运用同理心沟通技巧时，我们会常说"我理解""我明白""我知道"，让人感觉你是一个宽厚豁达、善解人意的人。我理解你的心情，你一定是非常着急要这个东西；我明白你的意思，你肯定希望我最好十分钟之内帮你办好这件事；我知道今天路上非常堵，你原本也想早点到公司的。这些都是你能理解他人的情景。

第一准则

同理心沟通第一个准则是"先处理心情，再处理事情"。人有七情六欲，心情会有起伏，心情不好，遇到什么事都会受影响。对方心情不好的时候，你正好打电话过来，开口就谈事情，效果一定不好。电话接通以后，你需要先判断一下，再决定是否直接提出问题，或者先问一声"现在讲话方便吗"，得到肯定的答复后再谈正事，沟通氛围会好很多。

今天孩子的学校组织期中考试，孩子放学回到家。作为父母，第一眼见到他一般会说什么？很多父母，尽管已经成年，但是一点耐心都没有。看到孩子的第一眼，立刻就问："今天考得怎么样？"为什么这么着急？能多一点儿耐心吗？要知道被人逼问成绩如何并不是一件很轻松的事情，可以先观察一下孩子的心情如何。问他累不累、渴不渴、饿不饿，等他放下书包喝口水休息一会儿之后，再问考得怎么样也不迟啊。或许用不着你问，他就先主动跟你说了。父母对孩子的关心和爱，应该远高于对考试成绩的关注。即使这个世界上所有的人都只在乎他飞得高不高，父母最在乎的也应该是他飞得累不累。对于这种纯粹的爱，孩子能够感受得到，然后回报你的就是惊喜了。

你敲响领导办公室的门之后，领导说了一声"请进"，此时你需要通过声音判断领导的状况，进门后认真观察眼前的情形。领导是不是正在处理事情？忙不忙？急不急？如果情绪不好、正在打电话，或者状态消沉，你不管不顾地跑过去说："领导，请您签个字！"你说得很客气，沟通的三种语言运用得也非常恰当，可惜没有眼力，不会审时度势。这样直接谈事，领导肯定不高兴，他会跟你说："没见我正忙着吗？"就算

05 同理心——"感同身受，善解人意"

他没有介意，也会觉得你没有礼貌。虽然这个字应该他签，他必须得签，但是你也要设身处地地思考一下。看一下当时的场景，根据实际情况适当地问一句："您这会有事啊，要不我过十分钟再来？"领导说："好，那你就过十分钟再来。"你出去之后，过十分钟再进来，领导会觉得你是个善解人意的好员工。如果领导说："不用了，你进来吧。"说明领导考虑了你的建议，并已经知道你注意到当时的场景，照顾了他的感受。他明白，你感受到了他的感受，你是一个"善解人意"的人。所以，不要不管不顾，上来就说事情，指望速战速决马上把事情处理完，这就会事与愿违了。

上台发言之前，一般都会有主持人先暖场破冰，其实这就是先处理大家的心情。等听众安静下来，氛围好了，再请主讲人上场。如果没有主持人，主讲人自己上台后，也不会马上进入正题。大家都还没完全安静下来呢，直接进入正题效果肯定不好，前几分钟传达的信息也不会有效。所以先要有个开场白，这也是必要的流程。首先是表示感谢，当然不是感谢在场的所有人，只需要感谢主办方就可以了。因为有了他们的邀请，你才有了今天的分享机会。然后要介绍自己的名字，可以用一个典故把自己的名字描述出来，这样才能给人留下印象。接下来介绍自己的职业，你不能说自己是做什么的，这样没有意义，你要说自己的职业能给大家带来什么价值。要把这个价值描述清楚，这是大家最关心的。人们会想，台上这个人是谁不重要，因为每天见到的人太多了，不是每个人都有必要认识。如果能够讲清你的工作能够给在场的听众带来什么价值，那么他们就会注意聆听了。特别是那些对你的价值感兴趣的人，结束之后会主动过来找你，这正是你想要的结果。最后还要表明一个态度，说非常高兴见到大家，非常乐意跟大家交朋友，代表你是一个广结善缘、海纳百川的人。此时全场已经全部安静下来，你的讲话可以正式开始了。

在公司的走廊上，有两个同事正在争吵，你作为第三方过去调解，应该怎么办？你听了一会儿，觉得已经弄清楚怎么回事了，用手指着左边那个人说："这就是你的不对了。"左边那个人一听就很恼火："我哪里不对了？"然后叽里呱啦跟你解释，你听了之后觉得好像挺有道理的，指着右边那个人说："那就是你的不对了。"右边那个人眼睛一瞪，说："去去去，你知道什么呀，哪儿凉快哪儿待着去。"本来是两个人吵架，结果变成三个人混战了。

很多时候，我们作为第三方去调解纠纷，如果做不好，很可能把双方都得罪了，情况也搞得更复杂了。这是因为没有遵循同理心沟通的第一个原则，没有做到"先处理心情，再处理事情"。那么正确的做法是什么？不要马上做裁判，而是要赶紧安抚情绪，跟他们说："天气这么热，吵得这么辛苦，满头大汗的，这是发生了什么事儿啊？有我在，肯定给你们做主。来来来，都到我办公室来，咱们坐下来慢慢聊。"然后拉着他们来到自己的办公室，请他们坐下来喝杯茶休息一下。五分钟之后，等双方的情绪都缓和了，再问他们到底是怎么回事儿。这时候双方已经冷静下来，沟通就会变得非常理智。一个说："刚才是我太冲动了，不应该说那么难听的话。"另一个说："我也有不对的地方，不应该跟你计较那些东西。"两个人都在自我反省，问题解决起来就容易多了。

"欲速则不达"

一个女孩子出去逛街，两只手都拎满了东西，又热又累。前面有一家店，刚走进去，就有一位营业员走过来说："哎呀，你好你好，我们这里这个打折那个也优惠，这个是新款，那个搞活动……"心里只想着把东西卖给你，你的感觉肯定是不舒服的。通常情况下，人们都会"用感性决定买不买，用理性决定买多少"，感觉没了，就不想在这里待了。于是假装随便看看，转一圈就直接离开了。这叫"欲速则不达"，为什么会出现这种情况？因为那个营业员完全沉浸在自己的"目的"当中，看不清眼前的状况。

作为一个优秀的沟通者，首先要学会"关心"人。你应当敏锐地注意到对方的需求与不便，然后要"主动"为对方提供帮助与支持。应该怎么做呢？你不能看到有人进门就着急推销东西，看到这种状况，你要马上帮女孩儿把双手上的东西放在地上，请她在沙发上休息一下。空调为她吹着，冰水请她喝着，纸巾给她用着……五分钟之后，等她休息好了，她会不会拎着东西直接就走了呢？基本不会的。很少有人能做到不被七情六欲所控制，不受外在因素的影响，做任何事情，都有自己的主见，按自己的意图行动，不被外界所干扰。大多数的普通人做不到这一点，一般等他们休息好了之后就开始观察，看一看有什么可买的，如果有喜欢和需要的东西，就会尽量买一个，因为此时他们心里的感觉特别好，有人这么关心自己，自己再不买点儿什么，心里会过意不去。虽然销售人员一直没打扰这个女孩，但是一直悄悄在旁边注意观察，看到她这个样子，知道时机已到，马上微笑着走过来说："有喜欢的商品吗？需要我帮忙吗？"这时候切入进来跟她沟通，是很容易达成共识的，即使她不怎么需要，可能也会买点东西。哪怕这次没买，她对这家店的印象一定不错，下一次路过时肯定会照顾你的生意。做生意的眼光要放长远，这一次没做成，只要留下了好感，以后一定有机会。

```
同理心第一准则
    ↓
  先处理心情
    ↓
  再处理事情
```

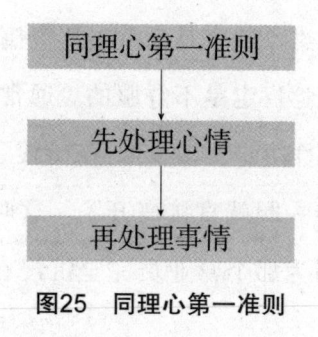

图25　同理心第一准则

第二准则

同理心沟通的第二个准则是"立场要坚定，态度要热情"，就是要用最热情的态度，来坚持住自己的立场。那么到底应该怎样做，才能坚持住自己的立场，又不会得罪对方呢？

如果你是一个商场里卖水杯的营业员，这个水杯的底价是200元。有人来购买，他出价50元，此时你应该怎样沟通呢？如果你说"嫌贵就别买"，这样肯定不行，这位顾客肯定会去投诉你。如果你说："这是我们公司规定的价格，我也没办法。"顾客心里想："你们公司的规定又怎么样，很了不起吗？我不买还不行吗？"这时你再加上一句："要是我能做主，一定给你一个优惠价。"顾客的想法是："你都做不了主，说这些好听的话有啥用？"

要知道讨价还价是人的正常心理需求，即使他的出价跟你的底价有相当大的出入，也是可以理解的。因此，你需要把姿态放低一点，态度柔和一点，面带礼貌的微笑，诚恳地跟顾客说："我非常理解你的心情，我们买东西，总是希望用最少的价钱，买到最好的东西。哪怕明知道这个价格已经很便宜了，依然想要还价。还价是我们每个人正常的心理需求，我非常理解，不过我想告诉您的是，咱们这个价格啊，200块已经是最低了，真的不能再低了。我知道这可能不符合您的心理需求，可能跟您的心理价位有落差，对此我真心地跟您说一声对不起。"此时一定要面带微笑，给对方极大的"尊重感、信任感和安全感"，然后继续说："要不这样，您再去其他地方看一下。如果您发现有比我们质量好的，价格还比我们的便宜，那您就在那买。如果您看了一圈，发现性价比方面没有超过我们，我随时都欢迎您回来。您看这样好吗？"这在营销上叫"以退为进"，当你说出这番话的时候，对方一定会被你的真诚打动。

"豆腐嘴，刀子心"

有两个人是同事，他们的关系一直很好，私下里经常一起去吃饭、钓鱼。有一天，其中一个人被提拔为经理，另一个人则成了他的下属。就在那个人当经理的第一天，他的这个朋友上班迟到了，遇到这种情况，要不要罚？如果罚的话，"兄弟情义"何在？如果不罚的话，制度何在？将来还怎么带团队，怎么管理其他人？因此，身为团队主管，最好不要跟团队里某个人关系特别好，而要把大家都当成兄弟。员工是圆，管理者是圆心，圆心和圆上任何一点的距离都应该是相等的。如果管理者跟某个员工的关系特别好，这个员工某天拿了奖，别人会认为那是因为领导的照顾，难以服众；如果把奖励给了别人，员工又会说："你看领导多么狠心，平时跟他关系这么好，连个奖励也不给他。"这就把领导放在了很尴尬的位置上，怎么选择都不合适。当然，人与人之间是讲感情的，如果管理者跟某个下属比较投缘，比较谈得来，在不影响正常工作的情况下，可以适当地增加交流的机会。但对待这名下属要与其他下属一样，严格要求，坚持公平、公正和公开的做事风格。

《关键对话》这本书里面说，人们在遇到重要的事件进行沟通时，往往会做出"傻瓜式选择"，要么逃避沟通中积压的问题，要么直言不讳把人得罪。同理心沟通，可以做出第三种选择，既能沟通到位，又不会失去人心。这就要运用"同理心"的第二大准则，叫作"立场要坚定，态度要热情"，用最好的态度，坚持"罚他"的立场。

在制度面前人人平等，即便与你关系再好的同事迟到，也一定要按章处罚。不是说不怕得罪人，而是好好沟通之后就不会得罪人，遵循七字秘诀——"腰软、嘴软、心要硬"。腰软就是姿态要低，嘴软就是语气要柔和，心要硬就是坚持立场不动摇。用三种语言全方位立体式表达出来："兄弟，你看我第一天当经理，就碰上你迟到这件事，叫我怎么办呢？罚的话，咱们两个关系这么好，昨天还一起钓鱼了。不罚的话，制度写得明明白白，你说我该怎么办？唉，真是太难办了。"你把你为难的态度表现出来，把问题转给对方。看着你一副不知道如何处理的样子，一般情况下，他就会主动跟你说："领导，不要那么为难，该怎么处理就怎么处理，我都没有意见。迟到确实是我的错，我们应该按照公司制度来，公司规定迟到要扣全勤奖，我没有任何怨言。"听到这句话，你就要走过去握着他的双手说："谢谢，谢谢，你真是在实实在在地支持我啊，谢谢你了！"

并不是每个经理都能如此沟通，看到平时关系很好的同事，在自己第一天当经理时就迟到，他马上火冒三丈，气冲冲地跑过去吼道："你怎么回事啊？我第一天当经理你就迟到了，是不是故意的啊？你这也太不给我面子了吧，是不是我当了经理，你心里不高兴啊？亏我们还是这么多年的好兄弟。"骂了他三分钟，一看朋友下不了台，脸色都变了，马上换了个口气说:"要不这次就算了,下不为例啊。"这是典型的"腰硬、嘴硬、心太软",姿态很强硬,嘴巴不饶人,心却硬不起来。前面骂了三分钟,嘴上把朋友得罪了,后面又说下不为例,立场没有坚持住,这可是错上加错啊。

现实中有一种人叫作"老好人",一辈子跟别人共事,都是委屈自己,不管是不敢坚持还是不愿意坚持,该坚持的原则都没有坚持住。不断退缩求全、隐忍包容,以为这样可以讨好所有人,结果事与愿违。处处让着别人,为别人牺牲无数,可还是得不到尊重,没有人喜欢。一个没有原则的人没有办法得到别人发自内心的尊重,这是老好人常有的下场。老好人的特点是"刀子嘴,豆腐心","刀子嘴"把人得罪了,"豆腐心"却没有坚持原则。

所以我们跟别人沟通的时候,不要"刀子嘴,豆腐心",反过来要"豆腐嘴,刀子心"。就是语言可以甜一点,姿态可以柔软一点,心却要硬一点。该坚持的原则一定要坚持住,这样才能赢得别人的尊重,才能证明你是一个有原则有自信的人。

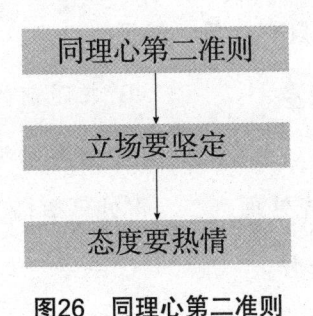

```
同理心第二准则
     ↓
  立场要坚定

  态度要热情
```

图26　同理心第二准则

试卷 5

一、选择题

1. 形容同理心的八个字是"感同身受、____"。
   A. 善解人意　　B. 合作双赢　　C. 达成共识　　D. 同甘共苦

2. 一个人的成功，15%靠过硬的专业知识，85%靠____。
   A. 丰富的社会经验　　　　B. 持续的日积月累
   C. 终身的努力学习　　　　D. 顺达的人际关系

3. 同理心沟通的定义是：站在当事人的角度和位置上，客观地理解当事人的内心感受及内心世界，且把这种理解____的一种沟通交流方式。
   A. 传达给自己　　　　　　B. 传达给他人
   C. 传达给当事人　　　　　D. 传达给周边的人

4. 同理心的两大区别是换位思考和____。
   A. 责任心　　B. "爱"心　　C. 同情心　　D. 慈悲心

5. 通往成功目标的道路只有一条，就是____。
   A. 跟周围的人合作双赢　　B. 把眼前的工作做到极致
   C. 一定要努力拼搏　　　　D. 要做到永不放弃

6. 同理心第一准则是：先处理____，再处理事情。
   A. 表情　　B. 条件　　C. 关系　　D. 心情

7. 同理心第二准则是：____，态度要热情。
   A. 关系要和谐　　　　　　B. 能力要强大
   C. 立场要坚定　　　　　　D. 立场要随机应变

8. 所谓"豆腐嘴，刀子心"，就是"＿＿＿"。

A. 腰软、嘴软、心要硬　　　　B. 腰硬、嘴硬、心要软

C. 腰软、嘴硬、心要硬　　　　D. 腰硬、嘴软、心要软

二、理解题

我们都希望有贵人相助，可"贵人"为什么要帮助你？

GAO QING
SHANG GOU
TONG

06

解析沟通——"辨识与反馈"

两大步骤

同理心沟通分两个步骤：辨识与反馈。辨识是什么意思呢？当别人讲完一句话之后，你不要急于回答，而是先想一下，此时此刻他的内心体验和内心感受是什么？他讲这句话的内心需求是什么？当别人讲完话之后，你要养成这种习惯，就是在心里对自己说：暂停，让我先思考一下这几个问题再做交流。这样就可以避免很多沟通上的无用功和差错，不要让自己想都不想就脱口而出，不能等到话说出去以后才反悔。一定要在讲话之前先辨识一下，辨识得越准确，反馈才会越到位。精准到位的反馈是沟通中赢得人心的法宝。

为什么要把同理心沟通分为两个步骤？做这种分解动作的目的是要告诉大家，当别人讲完一句话你要做出回应的时候，一定要先考虑别人的内心需求和内心感受。这不仅是技巧问题，更是心态问题。

我们的心态都会存在"三自"情况——自我、自大、自私。自我的人活在自己的世界里，对旁人不管不顾；自大的人唯我独尊，总认为自己说的就是对的；自私的人只顾自己的利益，只顾自己的感受。

一个有慈悲心的人，开口之前一定会先辨识，然后考虑用什么样的语言、语气和表达方式，尽量做到说话时不伤害别人。自私的人则会脱口而出，自己说得很爽，别人被气得半死。有的人会说："我的性格就是这样直爽，讲话也是这样直接，这种性格不好吗？"这只是借口而已，直爽的人未必说话就会难听，直爽也并非不讲究说话的艺术。

```
        同理心沟通的两大步骤
         ┌──────┴──────┐
        辨识           反馈
```

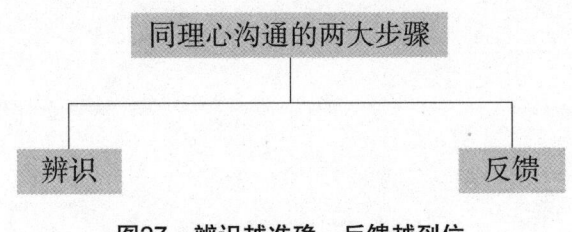

图27　辨识越准确，反馈越到位

辨识

你正坐在办公室里，突然领导走过来叫你："小张。"你抬起头回应了一声，这是你的本能，一直都是这么回答的。你可能从来没有仔细想过，你的这样一个轻声的回应，喊你的那个人听了满意吗？

现在我们来辨识一下，领导此时的内心世界和内心感受是怎样的？不要想得太偏，不要想一些比较个性化的东西，就是一般情况下领导叫你一声，他有什么样的心理需求？第一，他是不是希望你回应一声；第二，他是不是希望你快点回应；第三，他是不是希望你回应的时候热情一点；第四，他是不是有事情要找你。表面上领导叫你一声，实际上他可能有以上四种心理需求，而每个需求都应该让他得到满足。

那该如何反馈呢？如果我们辨识不出有这四种内心需求，或者我们没有辨识的习惯，就不知道怎样反馈更好。有一种人，他坐在那里，你叫他一声，不知道是心情不好还是什么原因，他没有理你。你以为是声音太小，只好走近一点，再叫一声"小张"，你知道他一定听到了。结果呢，他还是不理你。你只好走得更近一点，在他耳边喊一声"小张"，这时候他才回头应道："干吗，那么大声干吗？"这种人活在自己的世界里面，不管别人有什么感受，他的反馈很令人讨厌，让人想要疏远他。还有一种人，你叫一声"小张"，他平平淡淡地回应一声"哎"，然后就没有然后了。看上去他是回应了，又好像缺了点什么，缺什么呢？缺了点热情，缺了点能让对方得到满足的感觉。他回应的速度不够快，态度不够积极，没准备好听你继续表达，即使你有事情跟他商量，一看这种状况，态度就会发生转变了。

领导叫你一声，他有四种内心需求都需要得到满足——希望你回应，希望你快点回应，希望你热情一点回应，并且有事情找你。你快速、热情地回应一句："哎，李总您有什么事？"这就是充分理解并反馈了他的内心需求，他一看你这种积极状态，会很自然地跟你交代要办的事情。你要随时能把这种积极的状态展现出来，领导就会对你另眼相看，因为你的沟通方式回应了他的心理需求。要想得到重用，首先要解决信任问题，让领导能够信任你的人品和能力。我们考察人才的标准是德才兼备，以德为先，什么是"德"？首先就是要可靠，值得信赖。

捧场

这种热情积极的回应是拍马屁吗？这绝对不是拍马屁，拍马屁是什么意思？拍马屁是自己都觉得受了委屈，伤了自尊，心里非常不情愿，为了一点点利益，违心地称赞颂扬别人，这才叫拍马屁。我们并没有违心地表演，而是非常自然而然地"通达人性"，知道对方呼唤自己时肯定有一些心理需求，就很自然地用语言和行动满足对方。别说领导叫他，就是同事、老婆、儿子叫他，他都是这种表现和回应。儿子叫他一声"爸爸",他马上热情地回答:"哎,儿子,什么事?"然后走到儿子面前,你能说他是在拍儿子马屁吗?没有这个必要啊。这种回应的场景可能有点夸张,只是为了体现这种感觉,就是要热情、快速。为什么要如此回应?因为这是对方的心理需求,你满足了对方的心理需求,对方自然会增加对你的好感。久而久之,他就会因此而喜欢你、信任你。

有一个叫廖美艳的女职员,每次领导在台上讲话,她都是鼓掌最热烈的那个人。不是那种自己其实没听懂、不认同,装出来的假模假样的鼓掌,而是她真心觉得领导说到了自己的心坎儿里,大家都在鼓掌的时候,她是最真诚最用力的那个人。她说该支持的就要支持,而且要最大声地支持。所以领导很快就注意到她了,把她作为团队核心成员培养。这只是一个年轻女孩的故事,似乎说服力不够强,那就再说一个真实的例子。

有一次我在浙江大学听课,台上的老师是人民大学的经济学教授,姓黄,黄教授以前经常在凤凰卫视谈论经济。在两天的课程中,他大约花了半个多小时,讲一些他年轻时与学院院长之间的往事。这位60多岁的老先生讲起这个话题时绘声绘色。他说:"院长很喜欢我,我们两个人关系一直不错。为什么呢?因为我特别会捧他的场。每次我们院长在台上讲到某个观点,需要有人一起讨论,或者回答什么问题时,如果没有其他人参与,我就一定会站出来配合。每次院长讲到某个地方,他觉得'此处可以有掌声'的时候,别人如果没有动静,那我就一定带头。一段时间以后,我们院长每次讲话需要回应的时候,眼睛就会不自觉地向我这个地方看过来,可能他自己都没有意识到,完全是潜意识的。我就马上心领神会,该回答的回答,该鼓掌的鼓掌。"这位经济学教授在讲授国际经济金融形势的课程中,竟然对自己多年前的捧场行为津津乐道，甚为得意，可见在他心中，专业知识非常重要，通达人性更有必要。人可以没有知识，却不能不通人性啊。这位教授接着解释说："有些人可能觉得这种捧场是巴结讨好领导，其实我是发自内心的回应，而且有时我对院长的回应也不完全是赞同，我也会质疑或者反对，院长希望得到不是奉承，而是有意义的回应。"

假如你在听一堂课程，老师要插入一个互动活动，需要有人上台配合一下，请问你会上台吗？如果你不仅不上去，而且还抱怨说："我才不上去呢，讲课就讲课，搞什么互动啊，乱七八糟的。"你这是来砸场子的，大家都不上去，搞得老师下不了台，有什么好处呢？有格局的人都懂得捧场，走到哪里就捧场到哪里。

管理者之间，相互捧场很重要。不要拆对方的台，否则就会搞得大家都下不来台。如果一个管理者经常说另一个管理者的是非，尤其是在对方的下属面前，那么这两个管理者在员工心中都不会有很高的地位。与之相反，他们相互在对方的团队面前都说好话，一个说你们的主管了不起，另一个说你们的主管非常棒，那么这两个主管在各自员工面前都会很有感召力。因此，人与人之间要相互捧场，而不能相互砸场。团队里来了一位新员工，主管把他介绍给其他人，一定要在介绍的时候好好捧捧他，把优点都罗列出来，塑造他的良好形象。刚和大家见面，一定要帮他把面子撑起来。当主管介绍完毕走了之后，这位新员工一定会在心里佩服你、感谢你，也会更加支持你的工作，这就是捧你的场了。我们还会注意到一点，这位新员工一定会努力提升被你表扬到的长处，增强自己的本领，因为他想保持在新团队中的良好形象。你看，捧场还可以促进人进步。

```
          相互捧场
    ┌────────┼────────┐
随时配合他人  不拆别人的台  宣扬对方的优点
```

图28 走到哪里就捧场到哪里

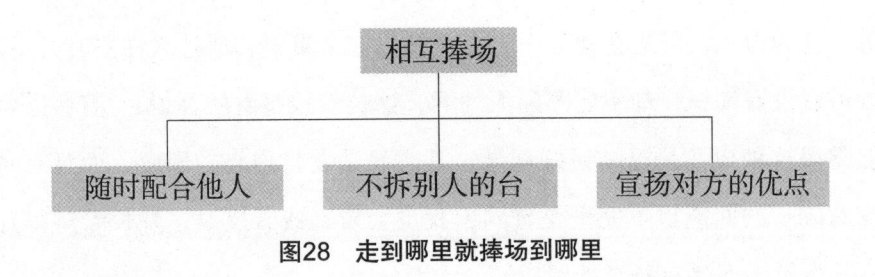

满足别人

那天你坐在办公室，邻座的一个女同事从外面回来，坐下后叹了口气，你正在想事情，感觉被她打扰了，但是这时你不能指责对方。我们先辨识一下，同事从外面回来，坐下后叹了一口气，她的内心世界和内心感受是什么样的？不用想得太复杂，就是一般情况。很明显，她遇到不顺心的事情了，而且心里有事，就会想找人倾诉。你在她旁边，自然成了首选对象。她不知道你的态度，不好意思主动找你说，如果这时你主动询问，那她就可以说了。所以，她叹一口气，是为了引起你注意。你若是一个暖心的人，对周围的人都非常友爱，一定会放下手上的事情，关切地问："怎么了？遇到什么不开心的事情啦？"她马上会跟你说："哎呀，我跟你说呀，今天真倒霉啊……"然后，把你当亲人一样倾诉起来。你乖乖做一个听众就好了，只要你愿意听，她就很满足了。

沟通就是这样，你要敏锐地察觉到身边伙伴的心理需求，并及时满足对方。如果你不愿意在这方面化心思，良好的人际关系就很难建立起来。有时候不小心得罪了人，自己还不知道呢。有人在你面前来回晃三趟了，你就不能抬起头问一声吗？你真的有那么忙吗？怕是根本没这个心吧？也就是关心人的"心"，通人性的"心"。如果是亲密爱人，穿了一套漂亮的新衣服在你面前走了好几次，眼睛里明显有期盼，期盼你夸上一句。这时你要及时地夸一句，她会多么满足。这个"及时"很重要，口渴时的一杯水，胜过平时的一桶水。如果你不愿意开口，那就什么都别说，上去抱抱她，这种肢体语言，更能满足她的心理需求。

开口之前

"辨识"不仅是指在别人说完一句话之后，你"感受"他的内心世界。如果你准备跟人谈事情，在开口之前，就得辨识一下，预判自己说完这番话，对方可能会有什么感受。然后考虑清楚接下来该怎么说，用什么样的语言、语气和表达方式，使对方最容易接受。每次与人沟通，都是为了终极目的——达成共识，合作双赢。你必须选择对这个目的有利的说话方式，避免不小心犯错误，使目的顺利达成。因此，在开口之前，问自己一个问题："我该怎样做，才能消除他的疑虑，排除产生误会的可能性，使沟通能够顺利进行？"

如果你经过预判，接下来你说的话可能会引起对方的不安，你就需要在语言上做一些铺垫。例如，你的孩子在学校跟同学发生了口角，你去找对方家长理论。你预判对方会很紧张，会认为你蛮不讲理，或者得理不饶人。所以你要准备好情绪，用平静的语气和礼貌的姿态跟对方说："首先我想跟你说一点，希望你能了解，我这次来绝不是要和你吵架的。我想我们共同的目的是教育好自己的孩子，看看有什么办法能让这种事以后不再发生。针对这一次孩子们之间的争吵，一定能商量出妥善的解决方法，你觉得呢？"如果我们意气用事，在沟通过程中很快就会忘记这个目的，陷入无谓的争论当中，完全于事无补。

类似的情况同样会发生在同事之间。你把方案书退给下属，以你对他的了解，这个年轻人肯定会误解，认为你对他的方案全盘否定。你不想打击他的信心，认为他依然是个可造之才。于是你没有气势汹汹地把方案丢还给他，而是温和地说："希望你能理解，我退回来让你重写绝不意味着你的能力不行。只是针对这个方案，还有很多需要改进的地方，你用心再改一改就行了。"

跟孩子谈成绩，孩子一定很敏感。为了消除他的紧张，你也许想跟他说："儿子，成绩好不好根本不重要。"千万不要这样说，因为这是违背立场的。同理心沟通也要有坚定的立场，不能轻易改变。成绩怎么会不重要呢？你不想让他以后的成绩好一些吗？你忘记跟他沟通的终极目的了吗？不就是为了让他心甘情愿地接受你的建议，今后考出好成绩吗？没有这个想法，那就不用沟通了啊。立场是要坚持的，沟通就是为了达到目的。为了使沟通顺利进行，你需要消除对方内心的不安，避免打击他的信心。所以在谈正事之前，可以做一些必要的铺垫。你可以这样说："儿子，你不会因为这一次考砸了，就认为自己有多差吧？我想跟你探讨一下，以后怎样把成绩提上去。只要我们好好沟通，肯定能找到解决这个问题的方法，对吧？"

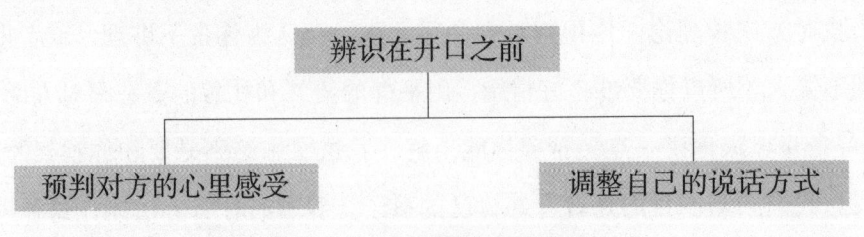

```
              辨识在开口之前
              ┌──────┴──────┐
       预判对方的心里感受      调整自己的说话方式
```

图29　在开口之前先考虑清楚

上级需要你

做人家的下属，你需要辨识领导期望你做一个怎样的下属。通常领导都喜欢态度积极且努力行动的人，没有任何领导能够容忍态度消极的下属。所以，你在工作中要少赌气，别给领导脸色看，不要用情绪化的方式解决问题。

同时你要做到，自己职责范围之内的事情，尽自己最大的努力，不要浪费上级每一秒时间。动不动就敲上级办公室门的下属，不是一个优秀的下属，因为敲上级办公室的门就是要寻求上级的帮助，占用上级的时间。根据时间守恒定律，上级的时间被你占用，他做自己事情的时间就会减少。这样看来，你还是那个让他省心的下属吗？有些人觉得敲领导的门是失职，所以只有在万不得已（自己实在无能为力并且事情不能再耽搁了）的情况下，才去找上级，而且心怀愧疚，开口首先就是道歉。有些人崇尚自由，一般不主动去找上级，怕被干涉过多。还有人恰恰相反，遇到一丁点困难，就条件反射似的去找领导要对策、讨办法。领导若抱怨说："你怎么又来找我，自己不能多动动脑子吗？"他就会回答："您是领导，我不找你找谁呀？"因为存在这种理直气壮的心理，导致自己的独立性很差，成长也变得缓慢。

下级需要你

做人家的上司，你需要辨识下属的需求并给予充分的满足。

管理从本质上可以说是"为人民服务"，为员工创造更宽松、更有利的工作环境，以使他们"海阔凭鱼跃，天高任鸟飞"。你必须给下属提供尽可能多的"枪支弹药"，帮助他们在"战场"上减少压力。这是他们最迫切的需求，管理者要有这个意识和能力。

员工在遇到难题、想不开的时候，想找个人说说自己内心的痛苦、郁闷、难过、不开心，你要做他最好的听众，成为一个"情绪垃圾站"。同时，还要注意不能说他消极，找你倾诉不算消极，在团队里散播负面情绪才是消极。他把内心中的负担和压力倾吐出来，也就放下了。

员工在日复一日的工作中难免会失去热情，心中会迷茫，眼里看不到希望。这时候你找他聊聊天，告诉他人生就是这样，不可能每一天都绚丽多彩。能把平凡的工作重复做好就是伟大，坚持到最后，总有你绽放光彩的时刻。管理者要懂得塑造价值，做员工的"能量加油站"，比如很平凡的一件事情，在你的讲解下，却能够触动人性、激励人心，那么你就是优秀的管理者。

员工需要有独立完成任务的机会，以及犯错误走弯路并获得成长的空间。犯错误走弯路是成长的代价，没有付出这种代价，永远培养不出能干的下属。管理的真谛不是要管理者自己来做事，而是要管理别人做事。有些管理者把困难工作留给自己去做，是因为他们认为别人胜任不了这种工作，觉得自己亲自去做更有把握。即便有些工作比较重要和棘手，管理者要做的也不是自己独自处理，而是去发现有潜在能力的下属，辅导他一起完成。要做到这一点，一方面要给下属成长的机会，增强他们的办事能力，另一方面也要懂得放手。

管理者给下属一个任务，在执行的过程中，不要过多干涉其过程。下属真正需要的是你在旁边引导、提醒、监督和检查，不是下命令让他非得按你的意思做，或者干脆一脚把他踢开，代替他做。你让一个人挂横幅，只需要讲清楚挂到什么位置、需要什么标准即可，具体操作让他自己去做。如果在挂的过程中你告诉他必须这样必须那样，如果最后横幅没挂好掉下来了，他就不会承担责任了。因为他会想，当初你让我这么挂的时候，我就觉得肯定会掉下来，你是领导，我反驳不了，所以现在掉下来，我才不管呢。

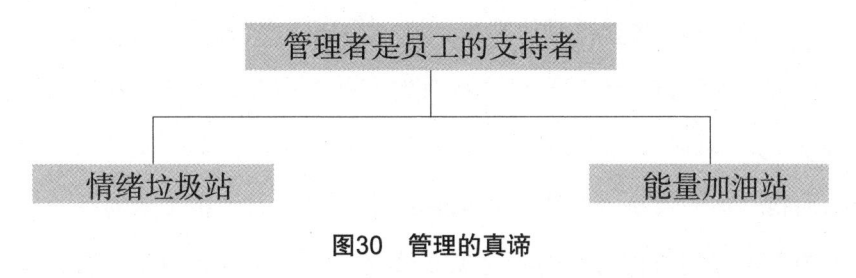

```
            管理者是员工的支持者
           ┌──────────┴──────────┐
        情绪垃圾站              能量加油站
```

图30 管理的真谛

平级需要你

平级需要你换位思考，凡事先从自己开始。"严于律己，宽以待人"是每一位同事的心理需求。在与同事相处的过程中，到底应该遵循什么原则？

第一种叫作"别人怎样对待我，我就怎样对待别人"。这种原则好吗？我们来分析一下。遵循这个原则的人，当别人对他好的时候，他一定会对别人好。假如别人对他不好，那么他一定也对别人不好。别人一看他竟然对自己不好，对他就会更不好。他一看别人对自己更不好，关系就更僵了，这样冤冤相报何时了？特别是别人第一次出现冒犯的时候，可能只是误解而已，没想到却因此陷入恶性循环。

第二种叫作"估计别人怎样对待我，我就怎样对待别人"。两个人在走廊上即将相遇，其中一个想：他肯定不会主动跟我打招呼，哼！我也不跟他打招呼。殊不知，对面那个人的想法是一样的。擦肩而过之后，两个人同时想：我就知道他不会跟我打招呼，果然不出所料，幸亏刚才我没有主动打招呼，要不然真是没面子。人们常常这样心口不一，明明心里很想对别人展现出热情，行为上却出现相反的动作，之后还为自己的心口不一寻找理由，证明自己没有做错。

第三种叫作"我怎样对待别人，别人就应该怎样对我"。我对别人好，别人就应该对我好。反过来讲，我对别人好，别人要是没对我好，那我下次就不对他好了。实际上，当你对别人好的时候，未必能马上就得到他的回报。你一看别人没有立即给你回报，就马上停止对他的好，或者转变为以不好的方式对待他，这怎么行呢？人与人之间的交往沟通直至建立信任和感情，都需要时间和实践的检验，都需要一个过程，这个过程的长短往往也会因人而异，我们要学会坚持与人为善的原则，要相信每份付出终将收获回报。

以上三种与人相处的原则，都是先看别人脸色，再决定自己怎么做。这就比较被动了，你会发现跟人相处是一件很累的事情，渐渐变得不爱跟人打交道。

第四个法则是"希望别人怎样对待我，我就先怎样对待别人"。这就把握住了沟通的主动权，与人相处起来就简单多了。不管你们怎么对我，或者试图怎么对我，我都按照自己心中的希望行事。每个人都希望别人对自己好，那就先对别人好。希望别人对我们耐心一点，那就先对别人耐心一点。希望那个女孩子成为我的好朋友，那就先把她当作好朋友对待，与她常沟通，多交流，渐渐就有可能成为好朋友了。

反馈

辨识之后是"反馈"。反馈可以分为四种方式。第一种是错误的反馈方式；第二种叫作"没错，也不怎么对"的反馈方式，大多数人都是处于这个水平；第三种叫作正确的反馈方式或好的反馈方式，这已经是同理心沟通了；第四种叫高明的反馈方式，是一种能让对方有"惊喜感"的方式。

公司的电话铃声响了，首先要辨识一下打电话的那个人，不管是谁打过来的，他的内心感受和内心需求是什么？这很容易辨识出来，打电话的那个人，他希望有人"接"，希望"快点接"，但是也不能太快，铃声刚响起就接通会有些突然，一声以上三声以内接电话比较好。他希望接电话的人对他热情一点，不管他打电话过来是咨询商品的还是要账的，是赞美的还是投诉的，他都希望接听电话的人，能够态度好一点。另外，他打电话过来，肯定是有事情。知道他有这四种内心需求，就明白该怎样接听比较好了。

按照四种不同的反馈方式，第一种是错误的反馈方式，电话响了五六声你都没接，都要挂断了你才懒洋洋漫不经心地接了，接电话的时候还漫不经心地说："喂，哪位？"对方当然会气不打一处来，也就不会有很好的沟通结果。

第二种是"没错，也不怎么对"的反馈方式，及时接起电话以后用平常的口气说："喂，哪位啊？"人家也不会说别的，就告诉你想找谁，有什么事，你们双方就这样不冷不热地交流着。这种交流缺少什么呢？热情，双方都没有热情，大多数人接电话就是这个水平。

第三种是好的反馈方式，接听非常及时，主动询问对方需要什么帮助，虽然对方看不到你，但是能够感受到你微笑的表情、热情的语调，这些都能营造出良好的沟通氛围。

第四种是高明的反馈方式，比第三种还要好一些，是经过商务礼仪培训的专业做法。通过一个简单的接听电话，就能让对方心生喜悦，产生佩服的感觉，进而认为这家公司非常专业、非常可靠，这是多么好的效果。

同理心沟通的反馈，就是要达到第三种、第四种交流的水平。

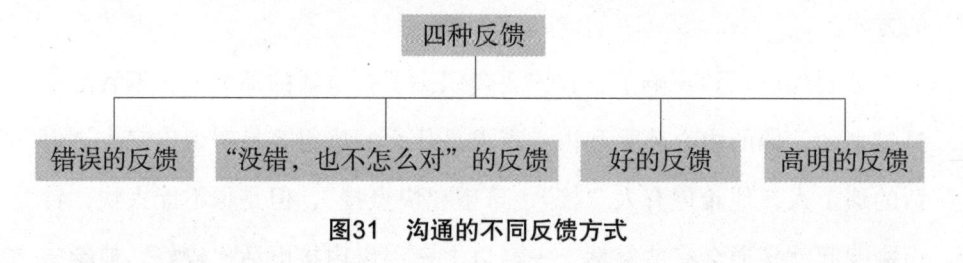

```
                    四种反馈
    ┌──────────┬──────────┼──────────┬──────────┐
  错误的反馈  "没错，也不怎么对"的反馈  好的反馈  高明的反馈
```

图31　沟通的不同反馈方式

职业化

有位做客户售后服务的员工说："我正巧心情不好，手上有很急的事，此时电话打过来，我没有办法笑着接听。"这就是修炼的问题了，什么叫专业人士？什么叫职业素养？就是哪怕前一秒钟还在哭，听到电话响起来，也能立刻调整过来，笑容满面地说："喂，您好！请问您是哪位？有什么可以帮您的？"对方根本感觉不出你刚才心情不好，这才叫你具有了高度职业化的工作精神。

有一天，你在等电梯时心情很不好，因为刚跟老公吵完架。想起刚才老公对你的态度那么差，你就心烦意乱，眼泪都快掉下来了。这时候正好有个同事走过来，在背后叫你一声，怎么办？不理人家？还是哭着回应？当时你正面对电梯，有一秒钟时间调整心情。他叫你一声"小张"，一秒钟后你转过头来，泪水已经在眼眶里面不见了，表情变得热情洋溢，笑嘻嘻回答："哎呀刘姐呀，是去吃饭吗？走，咱们一起。"她完全不知道你刚刚出现过什么状况。

优秀的人很少让人看到自己沮丧失落的状态，不是他们没有不顺心的事情，而是他们不会在低谷中徘徊太久。他们善于调整自己的心情，让自己像太阳一样，照到哪里哪里亮。而有的人却像月亮一样，初一十五不一样。有的人聊天时说："我这十年来特别不顺，状态一直不好。"这太可怕了，人生能有几个十年，能让你这样一直沉沦？失意的时光有三天就已经够长了，大多数就应该是几秒钟的事情。

在生活中，我们总会碰到一些人，他们非常优秀。你跟他做同事二十年，从来见不到他特别不开心的时候。人生总会经历风雨，他为什么不同？因为这一类人能够控制自己的情绪，不愿意把自己的伤心难过展现出来，让无辜的人承受，他觉得没有这个必要。这样的人容易得到欣赏和支持，我们常说"爱笑的女生运气都不会太差"，也就是这个道理。这样的女生自身"运气好"，走到哪里就把"好运气"带到哪里。不管到什么场合，她都能迅速适应并融入进去，还有可能带动环境朝更好的方向发展。"运气"不好的人，总是跟环境格格不入，到哪里就把"坏运气"带到哪里。

大家一大早来到公司，每个人心情都很好，本来准备今天大干一场。一转头看见你来了，身为主管的你，不知道遇到了什么事情，阴沉着脸，一点笑容都没有，整个团队立刻有一种乌云压顶的感觉，所有人的好状态都没了。同事在一起吃饭，大家有说有笑，就你不言不语；朋友们周末到 KTV 放松心情，大家都争抢着唱歌，只有你坐在那里，不说不唱，也不跟唱歌的人互动，还一直坚持到最后。这些都是破坏沟通氛围的人，我们不要做这种破坏"好运气"的人，要做一个高度职业化的人，一个永远给大家带来积极阳光的人。

试卷 6

一、选择题

1. 同理心沟通的两大步骤分别是____。

   A. 理解与反馈　　　　　　B. 换位与同情

   C. 辨识与反馈　　　　　　D. 辨识与感受

2. 心态有三"自"，分别是自我、____、自私。

   A. 自信　　B. 自由　　C. 自在　　D. 自大

3. 上流社会人捧人，中流社会人挤人，下流社会____。

   A. 人理人　　B. 人踩人　　C. 人骗人　　D. 人抬人

4. 下属在自己职责范围内的事情，要尽最大努力完成，不要____。

   A. 刻意找其他人帮忙　　　　B. 浪费上级每一秒钟时间

   C. 靠自己独立完成　　　　　D. 寻找其他部门支持

5. 管理者交给下属任务，在执行的过程中，不要____。

   A. 给予下属很多的支持　　　B. 听取下属随时的汇报

   C. 过问下属执行的过程　　　D. 干涉下属执行的过程

6. 与人相处的第四个法则是：____。

   A. 希望别人怎样对待我，我就先怎样对待别人

   B. 估计别人怎样对待我，我就怎样对待别人

   C. 别人怎样对待我，我就怎样对待别人

   D. 我怎样对待别人，别人就应该怎样对待我

7. 第四种反馈方式是"高明的反馈"，是一种能让对方有____的方式。

   A. 认同感　　B. 满足感　　C. 惊喜感　　D. 轻松感

8. 优秀的人很少让别人看到自己沮丧失落的时候,不是他们没有不顺心的事情,而是他们____。

   A. 总有办法发泄情绪

   B. 善于隐藏自己的真实面目

   C. 不顺心的时候从来不见外人

   D. 不会在低谷中徘徊太久

二、理解题

作为同事,为什么要敏锐地察觉到身边伙伴的心理需求?

GAO QING
SHANG GOU
TONG

07
错误的反馈——"致使对方受伤害"

不必批评

同理心沟通的四种反馈方式中,第一种是"错误的反馈",主要表现为忽视对方感受,或者强化对方的负面感受,使对方感觉到受了伤害,造成沟通上的隔阂。

在我们周围,经常会碰到一些人,他们有意无意地习惯于"批评、指责和抱怨"。我们只要看到他们眉头一皱或者脸色一暗,就知道他们又要开始抱怨了。然而,这样做给人的感觉真的好吗?

当一个人做错事情时,到底要不要批评他?孩子考试没考好、下属把事情搞砸了,到底要不要批评?有人认为,批评还是要有的,总不能视而不见吧?问题的关键不在于是否视而不见,而在于是否一定就要批评。换句话说,除了批评之外,还有没有更好的处理方式?

其实,当一个人做错事情的时候,我们可以不批评他,而是需要做两件事:第一件事是处理,第二件事才是教育。

举例来说,你跟孩子约定,这次考试考到80分就给他买一个电动玩具小汽车,结果他只考了50分,接下来怎么办?有的家长就开始批评了,甚至直接训斥一顿。从表面看来,事情似乎得到了处理。实际上,考试前许诺给孩子物质奖励,平时却不闻不问,只要考不好就直接训斥一顿,这并不是好的处理方式。因为在孩子的学习教育上,最大的投资不是金钱，而是时间，也就是家长有没有花时间在孩子的学习上。

在现实中，很多父母的做法往往是花的钱越来越多，投入的时间却越来越少。一方面孩子觉得只要自己学习成绩好，爸爸妈妈就会给予物质奖励，另一方面爸爸妈妈却没有花时间跟孩子好好沟通，关注孩子的学习过程，解决孩子学习中遇到的各种困难。如此一来，孩子认为爸爸妈妈只会用简单粗暴的方式对待自己，就会认为在爸爸妈妈心中真正重要的并不是自己的学习，而是他们的工作或者生意，家长的重视不是真的重视。一旦自己考试没考好，爸爸妈妈的反馈就是一顿批评甚至一顿揍，这样的沟通自然只会引发孩子消极对待学习的态度。

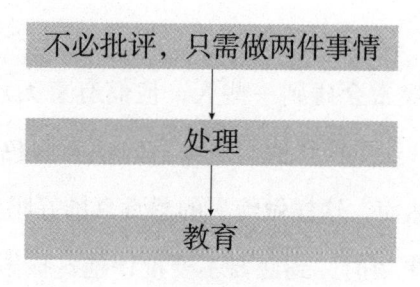

图32 代替批评的两件事

三个步骤

同样的，在团队管理过程中，发生问题之后也不能一味批评、指责和抱怨，而是要按如下三个步骤予以解决。

第一步，根据制度进行处理。

不管这个制度是否百分百合理，都要坚决执行。任何制度的诞生都有其历史原因，随着实践的发展终有一天老制度会被更新、淘汰。而在此之前，只要制定了制度，就应该得到良好的执行。一般情况下，维护制度的权威性大于其合理性。不然的话，每一个触犯制度的人都会在被处理的时候说："暂停一下，我们先看看制度是否合理。合理就处罚我，不合理就不能处罚。"如果这样，任何制度都没法得到执行了。

在根据制度对当事人进行处理的时候，我们要遵循"腰软、嘴软、心要硬"的原则。比如，负责处理的同事可以向其表示，我们理解他的心情、同情他的遭遇，同时制度就是这样规定的，该执行的时候一点也不会打折扣。在这一点上，处理者容易犯的最大错误就是弄反了，变成"腰硬、嘴硬、心太软"，一看到员工犯错误就大发雷霆、猛批一顿，到了该处理的时候却心软了，仅仅告诫一番"这次就算了，下不为例"，草草收场。久而久之，员工就会知道这位制度执行者是"刀子嘴豆腐心"，心里没有什么原则。如此一来，公司的制度也就毫无威信可言了。

第二步，处理之后进行教育。

如果只进行处理，不进行教育，那就是"诛而不教"了。在教育方式上，先是一对一的沟通教育，使犯错者彻底明白自己错在哪里、为什么要处罚他、以后应该怎么做。然后，还要借此机会扩大教育面，如果所犯错误很严重，在有必要时可以召开全员会议，让犯错者当众进行检讨。由于已经被单独教育过，所以一般他都会这样说："确实是我的错，不能怪公司和领导。可能有的伙伴会为我打抱不平，说罚得太重了。谢谢你们的好意，我的真实感受是罚得合情合理，对我来说这真是一件'好事'，请大家以后引以为戒！"这样的教育方式，可以起到杀一儆百、引起共鸣的作用。

第三步，根据情况完善制度。

虽然前面我们说只要制度定好了，就应该去执行。但是，我们同样知道，没有完美的制度，只有不断完善、与时俱进的制度。在每次处理完员工犯错的问题之后，管理者应该立刻反思制度是否存在不合理之处，员工犯错是不是有可能因为制度本身有缺陷。毕竟，好的制度让坏人做不了坏事，而不好的制度却容易让好人变坏。举例来说，如果一个团队中迟到现象相当普遍，那么从管理的角度讲，一个优秀管理者的第一反应就该是：或许是我们的考勤制度出现了问题。接下来，就应该思考如何去修正了，这叫"修路原则"，不光"修"人，还要修路，制度就是路。

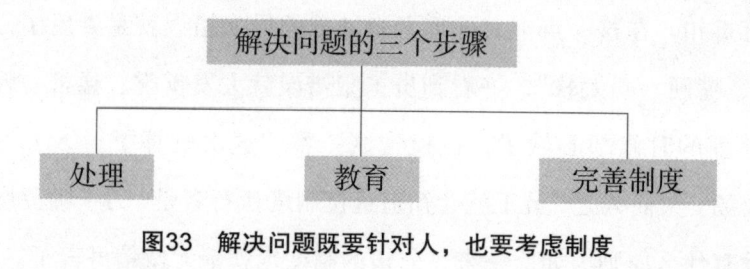

```
            解决问题的三个步骤
       ┌───────────┼───────────┐
      处理        教育       完善制度
```

图33　解决问题既要针对人，也要考虑制度

自我毁灭

有人或许会问，为什么出现问题后一味批评、指责和抱怨是一种很不好的反馈方式呢？答案在于，这样的反馈只会产生令受批评者"自我毁灭"的消极效果，并没有任何积极的建设意义。

所谓的"自我毁灭"，指的就是受批评者在面对一顿毫不留情的指责之后，自信心和尊严感严重受损，甚至出现了自卑情绪，以至于在以后的学习和工作中出现破罐子破摔的现象。这个结果就与教育、沟通的初衷严重背离了。

我们还是来看孩子考试的例子。

按照"先处理后教育"的方法，假如孩子只考了50分，正确的做法是：第一步先"处理"，即根据事先约定来处理，电动小汽车没了，等同于处罚；第二步是"教育"，此时比较好的方式是先把试卷左上角卷起来，因为这里写了分数，既然处罚过了，就要给孩子留足面子。然后，家长跟孩子一起分析哪些题目做对了、哪些题目做错了；做错的原因是什么，是考试不认真，还是平时就没有掌握。这样一番沟通下来，考试失利的原因就找到了，孩子也会觉得自己确实应该受到"处罚"。

正是因为可以采取上面这种"先处理后教育"的反馈方式，所以我们才会说，那种一味批评、指责和抱怨的方式，是极为不明智的。有些时候，家长或者管理者的批评，仅仅是在发泄心头怒火而已。更重要的是，这种方式的消极影响往往更大。原因在于，从心理学上讲，任何人做错事情以后心里都会自责，有人还会深深地自责。不用我们批评，他们自己已经在心里埋怨自己了。"我怎么这么马虎？爸爸妈妈希望我考好一点，怎么就考这么差呢？""领导这么器重我，对我委以重任，我怎么能这么粗心？为什么不准备充分一点呢？"而当他们正在这样自我谴责的时候，家长或者管理者气冲冲地跑来一顿猛批，直接就将他们心中仅存的一点点自信彻底摧毁了。因为他们已经觉得自己有问题、自己永远做不好了，家长或者管理者毫无技巧的批评、指责和抱怨只会强调和加重这种念头。这是一种强有力的否定，打击是非常沉重的，"自我毁灭"往往来源于此。

更加严重的是，如果家长或者管理者长期批评、指责和抱怨，受到打击过多的人，就容易从一个原本单纯、自信的人，逐渐变成破罐子破摔，甚至变得"死猪不怕开水烫"。到这时候，不管是子女还是员工，想要与他们很好的沟通就非常难了。

比如，家长看到孩子帽子戴得不正，跟他说把帽子戴正一点。此时，即使家长的说话内容很正确、语气很柔和、表情很友善，三种语言全方位立体式表达得非常好，从技巧上来讲一点问题都没有。但是，对于一个长期受到批评和指责的孩子来说，他们的本能反应却是：我为什么要戴正一点？反正我什么都做不好。这完全是叛逆的行为，一副对着干的架势。这时，我们就很难再去激励一个自甘堕落、不求上进，实际上已经被一味的批评和指责毁灭掉的人了。同理心沟通技巧即便运用得再好，对这样的人也没有用了。被批评、指责和抱怨过多的人，从小缺少鼓励和赞扬，他的世界观容易扭曲。如果他足够坚强的话，在社会上历练几年能够自我调整恢复过来；如果他不够坚强，在社会上过得不那么顺心，就会在自卑、自信和自大之间变来变去，内心创伤也会越来越严重。跟这样的人沟通往往就是一件最为艰难的事情，因为他们不容易听进别人说的话。

重拾信心

跟我们的子女、下属、同事、朋友，乃至跟任何人沟通，都不应该采取批评、指责和抱怨的方式。不仅不要批评，反过来还要鼓励，在他们起初几次犯错误、信心受到打击的时候，帮他们把失去的信心重新找回来。鼓励不是表扬，考试考砸了，可以处理、教育加鼓励，没什么好表扬的。只有犯错者承认自己的问题，承担约定好的责任，并决心改变，这才值得表扬。人与人最大的区别就在于此，很多人明知道自己错了，还坚持说没错。其实，周围人都知道他错了，也知道他只是没有勇气面对自己的错误，没有能力和担当意识来承担自己的责任而已。

怎么帮犯错者找回自信呢？举例来说，你跟考了 50 分正在沮丧的儿子说："儿子，虽然你这次考了 50 分，但是你知道爸爸当年像你这么

07 错误的反馈——"致使对方受伤害"

大的时候,最少的一次考了多少分吗?"儿子垂头丧气地说:"不知道啊。"你告诉他:"我只考了30分,那一次对我的打击实在太大了,我觉得自己太笨了,并开始怀疑自己是不是读书的料。幸亏你爷爷整天跟我说,不管现在成绩怎么样,上课一定要认真听讲,主动回答老师的问题;放学回到家,当晚必须复习白天学到的新知识;遇到不懂的用笔记下来,第二天向其他同学或者老师请教,直到搞懂为止。"此时,儿子正用同情的眼光看着你。你就可以继续说:"我没办法啊,只好按你爷爷说的做。好在期末考试的时候,一下子考了88分。那时候我才相信,之前考试成绩没有达到预期,根本不是我的智商不如别人。在这个世界上,没有什么天生的读书材料,考试成绩好不好,完全取决于每个人付出的努力是多还是少。你看有些同学天天跟你一起玩,成绩比你好,实际上很有可能就是因为他们在你不知道的时候努力学习了,原因就是这么简单。"

紧接着,你还要告诉他:"儿子,你这次没考好,一定不要认为从此以后在爸爸心中就不是好孩子了。这一次的成绩只能说明你这次没考好,根本不能说明你的学习能力差,也不能否定你的努力,更说明不了你的智商和悟性。爷爷虽然把我管得很紧,但爷爷的话还是很有道理的。上课认真听讲,积极回答问题,遇到不懂的地方就向人请教,这些都是有必要的。其实,向别人请教问题并不丢人,这是谦虚好学的表现,不懂装懂才是死要面子活受罪。"听完这番话,儿子就会知道爸爸没有对他失望,于是便能重拾信心、重新努力。

为什么孩子能听得进去?有一个秘诀非常关键,就是你不把他当孩子,你用平等的语言、语气和表达方式跟他沟通,孩子觉得你们之间是平等的对话。实际上,父母在孩子面前不要表现得高高在上,平等对话是非常自然的事情,也只有这样,才能帮助孩子拥有真正的信心。

聪明何来？

帮人重塑信心如此重要，那么为什么很多人张口就是批评，而要他们赞美人时却金口难开呢？那是因为在他们心里，别人做对事情是天经地义的，而只要做错了，就会劈头盖脸一顿训斥。他们把"赞美"的门槛定得太高了，他们认为只有做到第一，才能获得表扬。

与之不同的是，我们认为只要做对了，就应该表扬。或者，只要没有做错，就应该表扬。比如，上次考了50分，这次按约定考了60分，就应该表扬，只要有进步就应该表扬；规定八点半上班，不是在七点钟第一个到公司的那个人才值得表扬，而是所有没有迟到的人都值得表扬，哪怕是八点半准时到的，只要他没迟到，就值得点赞。

我们都希望自己的孩子聪明，却不知道聪明来自什么地方。认知心理学的研究发现，人与人之间的智商都差不多。那为什么有的人给人感觉很聪明，脑筋转得很快，有的人却恰恰相反呢？在生活中，我们经常见到临时被叫到台上讲话的人，有些人可以说毫无经验，完全不知道该说什么，却表现得聪明伶俐，潇洒自然。有的人则相反，虽然并非第一次上台，却表现得很笨拙，语无伦次，尴尬无比。为什么会有这种反差？前者胜在自信，内心强大，即便毫无准备也能临场发挥；后者败在自卑，内心惶恐，就算有所准备也会脑子混沌。

由此可见，一个人做事有思路、有想法、发挥出色并非来自比别人聪明，而是来自比别人更自信、更镇定。聪明的背后不是智商，而是这个人内心是否自信——聪明来自自信。

可以试问，如何才能培养出优秀的下属呢？答案就是：与其培养他的聪明，不如培养他的自信。越自信，内心越镇定，心一"定"，就容易生发出智慧，表现得就很聪明了。

那么，如何让员工拥有自信呢？这就要在团队中要倡导掌声文化、鼓励文化和赞美文化。在他做对事情的时候，给予及时的掌声、鼓励和赞美，人在被肯定的环境中成长会更快。相反，很多员工屡受批判，内心就会变得脆弱敏感。要记住，员工来到你的团队，如果能被唤醒内心深处那个强大的自我，你就能轻松打造出一支具有超强战斗力的团队。

仁爱之心

既然赞美如此重要，那么很明显"冷嘲热讽，取笑讲话者"这种沟通方式就十分不明智了，尤其对于敏感、自尊心强的员工，更会造成沟通上的巨大障碍。

有一天早上，新员工张尹怀里抱着新买的笔记本电脑，高高兴兴来上班。同事陈正看到后，用他惯有的阴阳怪气的口吻说："是啊，一定要抱牢一点，走到哪儿抱到哪儿，毕竟家里就这么一件贵重的物品啊。"张尹听了很生气，心想都是来公司打工的，好不容易买了个笔记本电脑当然要爱惜，你怎么能这么说呢？由于双方关系一向不好，张尹认为陈正就是在讽刺他。于是，气恼之下的他由于进办公室时用力过猛，把玻璃门弄碎了。结果，公司让他按新门的一半价钱进行了赔偿。虽说这个损失主要还是自己反应过激造成的，但如果陈正用包容欣赏的方式待人，这件事也就不会发生了。

那么，如何才能做到不冷嘲热讽他人呢？那就需要我们具备仁爱之心。一个人有仁爱之心，讲话就不会刻薄，也就会善待身边每一个人。

你能够爱多少人，就能够包容多少人、理解多少人、影响多少人、折服多少人，最后就能领导多少人。

有的管理者，一共就带五个人，其中一个他很讨厌，还有三个他感觉一般，只剩下一个长得漂亮的，他说这个他喜欢。心中爱的空间、能量这么小，怎么能领导更多人，承载更多人的前程呢？这里说的爱，是博爱的爱，不是爱情的爱。你爱不爱那个人，跟那个人是否可爱、是否值得爱没有关系，只跟你心中爱的空间、爱的能量大小有关。今天这个人是你的下属，你"爱"他；明天他离职了，换了个新人成为你的下属，你依然要"爱"。管理者要修炼自己"爱"的格局，让"爱"成为与生俱来的习惯，走到哪里就"爱"到哪里。

士别三日

除了冷嘲热讽，"否定与挑剔对方的见解"，这种方式也不是一种良好的沟通方式，其效果就犹如泼人凉水、形同挑刺。

一位年轻的妈妈跟8岁女儿之间有一场对话。那天孩子放学回家，非常高兴地跟妈妈的朋友说："阿姨，阿姨，我语文考了100分呢！"阿姨蹲下来跟她说："哇，你真棒！"两个人笑嘻嘻在客厅里搂成一团。正在厨房切菜的妈妈听到后，刀都没有放下，来到客厅指着孩子说："你只跟阿姨说语文考了100分，怎么不说数学只考了50分？"当头一盆冷水浇下来，孩子的眼圈马上红了。

这就是典型的否定与挑剔，也是俗话说的"哪壶不开提哪壶"。数学只考了50分，要不要处理？当然要。只是不能用这种方式，对孩子的打击太大了，无异于一次心灵上的摧残，因为她正在兴头上。与之相反，我们可以观察受过良好沟通训练的幼儿园老师，她们跟孩子沟通时，都会先蹲下来，这样才显得平等，不给小孩造成压力。这位妈妈却手持菜刀，居高临下跟孩子讲话，词汇、音调、肢体语言都很吓人，在孩子眼里基本算得上"凶神恶煞"了。就算是成年人，一个比你高一头壮一圈的人，手拿菜刀这样讲话，心里恐怕也要打鼓吧？

更重要的是，当时孩子还在兴头上，正跟阿姨骄傲地汇报自己的好成绩，这位妈妈突然冒出来指出孩子考差的一门功课，等于当场否定了孩子内心的骄傲和自信。要知道，人性都是"报喜不报忧"的，这并不一定意味着其认识不到自己的缺点、错误和弱项，只是完全不需要用这位妈妈的方式来点明而已。

这种错误的沟通方式中，还有一种情况是"揭旧伤疤"。有些事情当场处理完就算了，以后不要再提。在与人沟通时，最让人觉得难以接受的就是不就事论事，讨论一件当前的事情，却又扯到十几年前的陈芝麻烂谷子上去了。所谓"士别三日，当刮目相看"，而这种新账老账一起算，把别人定格在过去的方式，并不能出现良性的沟通。

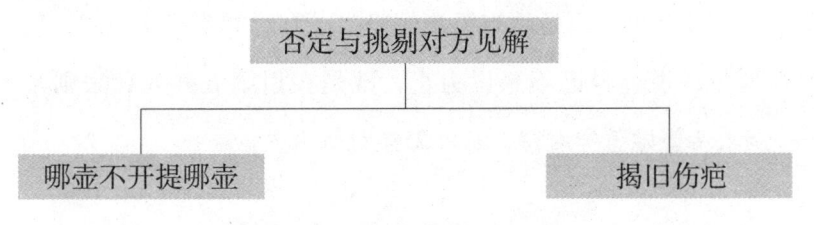

图34 否定与挑剔的表现形式

不够重视

实际上，上面案例中那位妈妈还不只是"否定与挑剔"，她还在"制止对方讲话",这就是剥夺对方说话的权利,打击对方说话的意愿,非常不尊重人。

在生活中,"闭嘴,不要再说了",是特别不礼貌的方式。有些修养的人则会说:"对不起,我打断一下。"但其实这两种方式,都代表对方讲的话你不感兴趣,或者对方在你心中没那么重要,对方会有受轻视的感觉。如果你觉得对方足够重要,一定不敢或不能打断他的讲话。有时候,我们在跟人通话中不想再说了,就会找机会编个理由,比如假装看了看表,然后故作惊讶地说:"哎呀!不好意思,我这边有个客户马上要过来,回头再跟你说,再见啊。"这种情况十有八九不是真有这回事,因为就算真有客户来访,不见得需要马上挂掉电话,让对方多说一会儿,耽误不了多少事。这就是一种委婉、礼貌地打断沟通的方式,虽然没有生硬地直接拒绝,肯定也不算足够重视对方。

我的一个朋友叫慧丽,交往十年中每次跟我通电话,从来没有说过一次"我要吃饭了,等会儿再说""今天太忙了,要么明天再联系"等类似的话,总是耐心地听我讲完,再笑嘻嘻地挂电话。她是怎么做到的?不是她手上没有事,而是她有极高的修为。有时明明我在啰唆,她也让我尽情地说,说到自己不想说为止,她是在用第五种人际法则与人相处——别人希望她怎样对待,她就怎样对待别人。

讲话权利

之所以出现剥夺对方讲话权利的问题,很多时候还是因为两个人各持一个观点,都想说服对方,急于表达。"你听我说""你先听我说""你先听我讲完嘛""你先听我讲完",这样互相打断,是极其考验情绪控制能力的。

这种情况很像两个人站在不同的山头，都想让对方来自己的山头。怎么办？两个人都拼命地向对方招手，大声述说各自的理由，要求对方"快过来，快过来"，结果谁都没离开自己的山头。这样僵持下去，最后大家都累了，只好不欢而散。

正确的沟通方式是什么呢？

我们不妨先放下自己的立场，走下自己的山头，先走上对方的山头，耐心倾听对方的立场。同时，我们要搞清楚对方真实的想法，找出双方观点的差异。然后，我们再向对方详细表达自己的想法，引导对方理解并接受自己的观点。最后，我们就能带着对方走下他的山头，一起走上自己的山头，或者找到大家都认同的第三个山头。

这就是沟通的一个合理过程，需要我们做到的就是：无论你是否同意对方的观点，你都将尊重对方，给予对方说话的权利，同时让对方尽可能理解你的观点，从而达成共同意愿。

最差老公

"完全忽视讲话者"，这种行为叫目中无人，对人极其不尊重，容易使人受到明显的冷落。

有一对年轻的夫妻，一天晚饭后，老公坐在客厅沙发的左边看手机，老婆坐在沙发的右边看电视。看着看着，老婆突然把头往老公肩膀上一靠，问："老公，你口渴吗？"请问老婆此时心里的想法是什么？有经验的人都知道，老婆此刻并不是真的要问老公渴不渴，而是自己口渴了，又不想自己去倒水，希望老公帮她倒。如果你是这位老公，你会怎么做？老婆说"老公你口渴吗"，老公却毫不理睬，一点反应都没有，这就叫

"完全忽视讲话者"。老婆只好又问了一遍，老公这时候才回答："你没看我在看新闻吗？还来烦我，你要渴了就自己去倒水。"这种行为就是"批评、指责和抱怨"。于是老婆气哼哼地说："让你给我倒杯水就这么难吗？"没想到老公脱口而出说："看你都胖成啥样了，倒杯水都不愿意动了。"这就是"冷嘲热讽，取笑讲话者"。老婆还想张口，老公立即道："别啰唆了，行不行！"这叫"制止对方说话"。这位老公的沟通行为，属于典型的"错误的反馈方式"。

"完全忽视讲话者"，在工作中也常常发生这种情况。比如别人敲你办公室的门，你不及时说"请进"；打电话、发信息给你，你不接，也不及时回；请示你的事情，迟迟得不到任何答复。其实上级给下属承诺的事情，也要经常跟大家说明事情的进展，以免下属担心这件事情已经被你忘记。安排给你的工作，结果却杳无音信，只有亲自来问你，你才告诉人家。其实你应该自动报告每项工作的进度，让你的上司知道。

我们与人沟通，不仅不能完全忽视对方，还要记住一个很重要的原则，就是主动。在工作上，主动去找你的平行部门，问他们需要自己怎么做才能配合得更好，对我们有哪些意见；主动去找你的上级，问他对自己还有哪些不太满意的地方，自己需要怎样努力才会更好；主动去问你的下属，看他最近有什么困惑，问他还有哪些领导不够关注不够关心的地方；主动去找你的客户，问我们的产品或服务在哪些地方还需要改进，怎样服务会令他们更满意，而不是他已经多次提出对你的服务不够满意，你却依然不采取任何行动。

07　错误的反馈——"致使对方受伤害"

条件反射

在沟通中，还有一个误区需要避开，这就是"找借口，自我辩解"，因为这会给人不负责任的感觉。

人们似乎形成了一种本能：出现问题以后不是第一时间承担责任，而是很自然地为自己找理由，甚至称得上条件反射。比如你问"今天头发怎么这么乱"，基本都会说"风太大了"，责任在风，其实最主要的原因是自己今天忘了打理；如果你问"皮肤怎么比以前黑了呀"，基本会说"前段时间太阳太晒了"，责任在太阳，而不说自己好几天都忘了擦防晒霜；如果你问"脸上怎么长痘痘了"，基本会说"你不知道，我们那个老板娘天天让我干这干那，工作一忙就休息不好"，责任在老板娘，而不说自己每天晚上刷抖音睡得太晚才是真正的原因；如果你问"开会怎么迟到了"，基本都会说因为堵车，责任在路况，而不说是因为自己没有计划好时间。这些条件反射式回答，没有一个开口先说自己的问题，给人的印象就是在找借口。

张尹有一次开会迟到，所有人都在等他。先分析一下，大家此时的心情如何？肯定是等着急了，都希望他快点出现。过了好长时间，终于把他盼来了。朱总从张尹一进来就盯着他，以为他会说些什么，结果他进门后，迈着不紧不慢的步伐，面无表情地走向自己的座位，一直到坐下，什么都没有说。朱总只好欲言又止，很严肃地说："开会。"那一刻，现场所有的人都看出了张尹的不成熟、不负责任。很明显，这不是一种很好的处理方式，甚至连基本的沟通都没有。

实际生活中，面对开会迟到，会出现以下四种人。

第一种是老实人，知道自己快迟到了，在外面就开始小步快跑。心里是很愧疚的，但是进门后却不知道怎么表达歉疚，只好闷头闷脑地走进会场坐下来，大家误以为他毫无愧疚之心。这是十分可惜的，老实人吃亏就吃在这种地方。

第二种是"聪明人"，知道自己迟到了，赶紧提前想好说词，进门就跟大家说："哎呀，本来不会迟到的，结果我都到门口了，接到一个客户的电话，一直在沟通，所以迟到了，对不住啊！"这就是典型的"找借口、自我辩解"。即使他说的是事实，别人可能也会想："什么呀，哪有这么巧，正好客户打电话给你。不知道是干吗去了，害得我们等这么久。"

第三种是伪君子，明知道自己要迟到了，在外面不紧不慢，进门后突然像变了一个人，拱手作揖，一脸真诚地跟大家说："让大家久等了，耽误大家时间了，是我的错，是我的错，下次一定注意。"边说边用最快的速度找到座位坐下。话都说到这个份上了，再看他用最快的速度找到座位坐下，大家还能怎么办呢？基本原谅了他，因为每个人都有可能迟到。当然了，这个人是言行不一的伪君子，时间长了大家都会知道他的为人，这种表演也就没人相信了。

第四种是君子，言行一致，门外门内都很抓紧时间，而且善于沟通，大家看到他满头大汗或者气喘吁吁地冲进来，听他一番真诚的表达之后，人人都对在心里说："没关系，可以理解。"

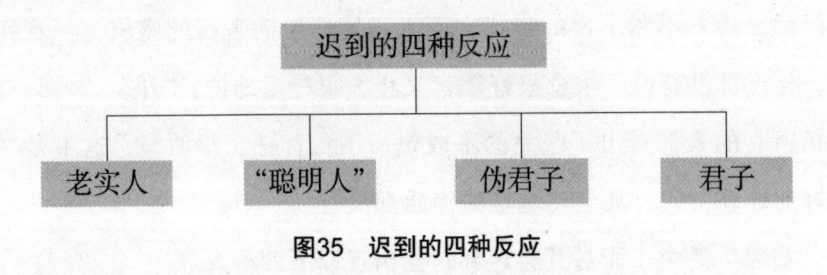

图35 迟到的四种反应

07 错误的反馈——"致使对方受伤害"

自罚三杯

在实际沟通中,"找借口,自我辩解"的情况很多,有的企业甚至已经形成了一种风气。

举个例子:我们有一个客户年产值9000多万元,却一直处于亏损状态,关键是应收账款都有3000多万元。这个月公司开经营会议,结果全程都在吵架。因为当月销售目标是1000万元,实际只达成400万元。老板就问销售部负责人,为什么达标率这么低?这位负责人会怎么回答呢?他会老老实实地说:"老板,这是我的问题,是我没有尽到责任。"可现实中他会这样说吗?不会。他会这样说:"老板啊,不能怪我,是外发发错货了。我们是做食品的,按理说6月份的货应该是5月份或当月生产的,结果货物中却有3月份、4月份生产的,导致客户投诉。"这件事情是不是事实?是事实,但是退货的只是那么多经销商当中的一个,这个小代理商发错货的部分不到1万块钱,但是只要企业目标没达成,他们可以把芝麻绿豆大的小事渲染放大。目的是影响老板的注意力,推卸自己的责任。当他跟老板说外发出现差错,发了过期的货,老板就被误导了,就跟生产部发火:"你们的仓库外发那边到底能不能管好,管不好给我换人。"600万的业绩啊,生产部哪敢负这么大的责任,于是生产部负责人赶紧说:"老板你不要怪我,我们成品仓库和原料仓库是一个仓库,原料和成品都堆在一起,乱七八糟的,我们人手又不够,所以很容易搞错,你换个人来管也是一样的。我早就说了,公司要有两个仓库,把原料和成品分开放,就不会出错了。"老板说:"这个事情不是上个月已经开会定了吗?可以再建一个仓库,连经费都给你批了啊。"生产部负责人说:"是啊,你也签过字了,我们连施工单位都找好了,但是人家施工要先付钱,我们找财务,财务不给钱。"老板的焦点又被转移了,他就问财务:"盖个仓库总共才十几万块,首付款能有多少钱,我都已经签字了,你为什么不付?"财务一看600万业绩没有完成要变成我的责任,这哪儿行啊,前面两个人责任最大都没负起来,我怎么能承担这个责任?这个时候他会推给谁?推回给销售。财务经理说:"老板,这不能怪我,你问问销售,他们只管卖货不管收钱,3000多万应收款到现在没收。虽然盖个仓库没多少钱,但我也只能先考虑原材料不断货。供应商的钱你觉得该不该付?员工工资我能晚发吗?我可不可以跟员工说,为了盖仓库工资晚两天再发?你应该问销售怎么把款收回来。"就像这样吵来吵去,过了3个多小时,问题也没有解决,这600万的责任到底该谁扛?

实际上,面对已经失误的局面,开口就说这是我的错,然后再陈述原因,别人也会认真听进去,责任就比较容易分得清,事情会更快得到解决。如果你先说原因,即使你最后说:"当然了,这件事我也有很大的责任。"人家心里会想,明明你先说了一大堆理由,然后才说是自己的问题,虚不虚伪呀!

正如聚餐时你姗姗来迟,你不要开口就说原因。如果大家相信你,你不用多解释,大家心里都会想:"你不是那样的人,肯定是遇上什么事了,不然不会让我们等这么久。"对于不相信的人,解释了也没用,在他们看来,解释就是掩饰,掩饰就是找借口。

那么,正确的做法是什么?其实,面对这种情况,可以有一个很好的沟通和处理方式,那就是俗话讲的"自罚三杯"。很多事就是这样,先自己惩罚一下自己,身边的人也就不会揪着这件事不放了。

07 错误的反馈——"致使对方受伤害"

有一次，宋歌担任新品发布会负责人，工作现场出了很多状况。朱总非常生气，活动一结束，就准备打电话把她训一顿。结果刚要拨电话的时候，电话铃声响了。宋歌主动打电话过来，开口就很懊悔地说："老板，您这么信任我，给我机会接受锻炼，让我做这一次活动的负责人。按理说我无论如何都要把工作做好，不给您丢人，不让您为这事操心。没想到被我搞成这个样子，我真的恨自己不争气，我实在是太不像话了，我觉得自己应该受到最严厉的惩罚……"说着说着，她在电话那头就快要哭出来了。朱总听出电话那头都快要崩溃了，赶紧安慰起来："算了算了，你也不要过于自责，本来我是要狠狠惩罚你的，既然你已经认识到问题了，那这次公司付出的代价都没有白白浪费。这样吧，晚上有没有空，我请你吃个饭吧……"本来要挨一顿骂，转眼变成对方请吃饭，这就是会说话的效果。

试卷 7

一、选择题

1. 孩子考试只考了 50 分，父母需要做的第一步是处理，第二步是____。
   A. 惩罚　　　　B. 教育　　　　C. 鼓励　　　　D. 赞美

2. 跟人沟通，不仅不要批评、指责和抱怨，反而要____。
   A. 赞美　　　　B. 奖励　　　　C. 惩罚　　　　D. 鼓励

3. 大多数人是这样的：对方做对了那是____，只要做错了就劈头盖脸一顿骂。
   A. 非常偶然的　　　　　　B. 天经地义的
   C. 必然的结果　　　　　　D. 意想不到的

4. 聪明来自____。
   A. 实力　　　　B. 天赋　　　　C. 自信　　　　D. 努力

5. 自信来自____。
   A. 掌声文化　　B. 学校文化　　C. 军队文化　　D. 宗教文化

6. 让"爱"成为与生俱来的习惯，____。
   A. "爱"世上每一个人　　　B. 走到哪里"爱"到哪里
   C. 见一个"爱"一个　　　　D. 洒向人间都是"爱"

7. 制止对方讲话，意味着对方讲的话你不感兴趣，或者____。
   A. 对方讲的话你听不太懂　　B. 对方这个人你不熟悉
   C. 对方在你心中没那么重要　D. 对方不是你爱的那个人

8. 吃饭迟到的人，来了之后最简单的做法应该是____。
   A. 给大家鞠躬　　　　　　B. 立刻道歉

07 错误的反馈——"致使对方受伤害"

  C. 赞美大家   D. "自罚三杯"

二、理解题

  开会迟到的人，会有哪四种反应？

GAO QING
SHANG GOU
TONG

08

普通反馈——"没错,也不怎么对"

丑陋嘴脸

第二种反馈是"没错，也不怎么对"的反馈方式，主要表现为明显忽视对方的感受，致使对方觉得被误解，有挫折感。

比如，我们骑自行车时不小心跟人碰撞了一下，由于急着赶路，于是没等对方开口就先说："行了行了，就算是我的责任好了，跟你说声对不起。我还有要紧的事，就这样吧。"对方会如何反应？一般人都会说："什么叫就算是你的责任，本来就是你的责任，说声对不起就行了？"

当我们这样"只处理事情，不处理心情"的时候，别人就会对你不依不饶。因此，我们越是急着赶路，越要沉得住气。我们得先处理一下对方的心情，然后再说确实有急事要办，别人就会体谅我们了。

我们有时会遇到一种人，当我们去找他办事时，他就是一副"有事说事，没事退下"的样子，没有多余的话，哪怕多给一个笑容都不行。事情是办了，可是一点都没体现出人情味，没有任何人与人之间的情感互动。

"只处理事情，不处理心情"，如果用四个字来形容的话，就叫"公事公办"。公事公办跟什么都不办相比，是中性词；跟好好办事相比，就是贬义词了。不管是出门办事，还是公司部门之间，大家最不喜欢的就是那种"公事公办"的表情。如果办事人员脸上都有一点笑容，声音都稍微柔和一些，就好多了。

举例来说，办结婚登记时，遇上心情不好的工作人员，看都不看你一眼，面无表情地说："身份证、户口本拿出来，填张表，准备几张照片。"我们会有什么感受？对方好像没什么错，说的都是该说的，证也办好了，但是我们就会觉得不那么舒服。为什么呢？因为办事人员并没有"感同身受"，没有体会到一对新人此时愉快的心情，没有人与人之间的良好互动。

以前在义乌买火车票，我会去商贸城附近的一个代售点。那次是中午时分，天气很热，队伍很长，最前面三四个人还能站在小屋子里，剩下十几个人只能依次顶着烈日排队了。好不容易等到快进小屋的时候，只见售票员把小窗板往下一拉，说不卖了。后面几个人赶紧问为什么？里面回答说12点了，下班时间到了。大家一听都急了，赶紧请求售票员能不能把这几个人的票卖完了再休息，结果售票员说："我们也是人，也要吃饭啊。"众人问："你怎么不早说12点要下班啊？"对方没搭理，转身就要走。有位大哥生气地喊道："那下午几点才开始卖票啊？"伴随着关门声传来三个字："两点半。"听到这句话，很多人就开始指责售票员。是大家不近人情吗？是售票员不该按时下班吗？其实出现这种问题，就是因为售票员不会沟通而已，以致大家觉得这个售票员是真的一点儿都不可爱。

效率人生

同事之间同样不能"公事公办"。

一位经常出差的业务人员这个月第三次来财务部，见面就把报销单递了过去，跟会计说："这个发票帮我报了吧。"会计的眼皮抬了抬，淡淡地说："你先放这儿吧，三天内给你弄好。"业务员转身离去，心里想："管你高兴不高兴，这是你的责任，就得给我报销。还用三天时间，难道快点不行吗？算了，不说了。"会计心里想："这个月都第三次来报销了，不能凑在一起报吗？这一趟一趟的，你不嫌累我还嫌烦呢。每次都像我非给你办不可似的，行，给你办，你就慢慢等着吧。"

另一个业务员也是同样的情况，他过来报销时，先做了一下情况预判。他意识到自己这个月已经是第三次来了，财务部的人难免会有一些想法，因此见面就跟会计说："哎呀，实在不好意思，我这个月都是第三次过来了。你们这么忙，按理说要是攒到一起再报销会更好，但是我怕几次出差的发票混在一起，给你们添麻烦了。"会计一听，心里会舒服很多，马上就说："我知道你们出差也很辛苦，这样随用随报也挺好，这些小事就不要放在心上了。"

很明显，在上面的案例中，找人报销谈正事之前，先处理一下会计人员的心情，会计自然也会体谅你。千万不要觉得这是对方的责任，他办也得办，不办也得办，我们就可以摆出一副"公事公办"的表情。人与人之间的影响是相互的，我们有人情味，对方才会有人情味。

不仅如此，这种工作方式还会提升工作效率。根据公司规定，三天内会计给营销人员办理完报销就可以了。如果遇到不会沟通的营销人员，会计就会让他们等到第三天。如果发现报销单有问题，哪怕是一些小问题，会在两三天之后让你拿回去重新写。相反，如果会计感觉自己的工作被人理解了呢？会计就会说："行，我马上帮你办。"即使发现报销单填写有些瑕疵，会计完全能够当场教你改正的办法。一个人去办事，对方总说按照流程需要三天；另一个人去办事，人家就当场给办了。长此以往，哪个人的效率更高呢？答案不言而喻。

出差回来

不仅在工作中，在生活中我们面对亲人时，更不要摆出一副公事公办的表情。原因很简单，家本来就是不是公事公办的地方。

如果我们从外地出差一周后回到家，见到老婆第一面会说什么？有的人在外面心情很好，一进家门就情绪低落，阴着脸闷声不说话，这肯定不行。更多人见到老婆，只会平平淡淡地说一声："我回来了。"老婆心想："你回来就回来吧。"这种平淡的交流，让家庭的温暖和融洽气氛一下就被破坏了。

那么，出差几天回到家，见到老婆怎么说比较好呢？首先要准备好发自内心的笑容，根据老婆的性格，稳重一点的就说："老婆，你辛苦啦！"意思是"我不在家的时候，你一个人上照顾老的，下照顾小的，每天都很累啊"。老公这样通情达理，老婆心里就会想："我辛苦一点也值得。"对于你的信任，她心存感激。

还有的人比较浪漫一点，就可以说："老婆，我可想死你啦！"听到这样的话，老婆一定眉开眼笑。把心情处理好了，接下来再说什么事情，就好商量多啦！

这种沟通方式，同样适用于职场。我们出差回到单位，见到下属第一面要怎么说？如果我们见到下属，马上就跟这个说："出差前让你写的报告，怎么还没给我啊？"跟那个说："看你办公桌乱的，都不知道收拾一下。"总之，就是一见到同事就开始说事，而且还都是批评、指责，大家心里会怎么想？肯定想："你怎么这么早就回来了？最好永远别回来。只要你一回来，就不知道谁要倒霉了。"

所以，正确的处理方式是：即便出差回来我们有再多的事情要处理，也要先处理一下大家的心情，在情感上做一些互动。我们可以笑嘻嘻地说上一句："大家好，各位辛苦了！"当然，一边说兄弟们辛苦了，一边再拿出一些出差地的特产分给大家，那就更完美了。

助人成长

"没错，也不怎么对"的反馈方式，还有一种表现就是领导在面对员工求助时直接给予答案，这种反馈方式的最大坏处就是不能实现员工的自我成长。

一般情况下，员工跟随领导久了，通常会有依赖心理。其主要表现就是有什么问题，习惯性地来问领导。实际上员工自己多思考几分钟就能找到方法，然后大胆去试，不行再想新的办法。只有这样，员工才能在这种自我探索的道路上不断前进和成长。

然而在现实中，很多员工在第一次向领导提出问题的时候，领导就很爽快地说出了答案。员工按照领导教给的方法去做，取得了很好的成果，觉得有困难找领导简直太正确、太轻松了。久而久之，员工在不知不觉中就放弃了思考，对领导的依赖也越来越重。迟早有一天领导会发觉，员工跟自己那么久，竟然一点成长都没有，还是天天来问这个怎么做、那个怎么办，一点独立性都没有。这样的领导，其错误就在于无形之中剥夺了员工自我历练的机会，员工也会在某一天因为自身没有得到成长而幡然醒悟。

这个世界就是如此，一件事在某些人看来千难万难，想尽一切办法就是搞不定，但有些人面对这件事时，却能轻松拿下，这就叫"会者不难，难者不会"。这两者之间差的是什么？其实就是两个字——学习。不会，不是我们不聪明，而是恰好这方面没有学习过、经历过、锻炼过。

正是由于这个原因，每个人学习、成长的机会都是价值千金的。管理者要对员工进行调教，通过沟通在做人、做事两方面帮助员工成长，这既是管理者的责任，也是管理者的义务。不要让员工在跟随领导的日子里，没有得到任何进步。哪怕一开始员工会因为我们不直接给出答案而抱怨，但是一年两年之后，通过学习成长起来的他们会在心中对你竖起大拇指。甚至多年之后，他们还会感慨，人生成长最快的那些日子，就是这些经常被拒绝和勤奋学习的日子。

调教员工

正是因为这个原因，我们才会说，当员工问问题时，不要急着给出答案，而是反问他："你觉得该怎么办？"

此时，员工一般会说："正因为我不知道怎么办，才来问您。您是领导，肯定知道怎么办，您那么英明。"这是员工在给领导戴高帽子，千万别上当，而是应该告诉他："明天上午十点再来找我，我们一起讨论到底该怎么做，而且你还要带上几个解决方案一起过来。"在这样做的时候，领导一定要表现得"残忍"一点，告诉员工如果明天没有想出解决方案，那就不用来讨论了。

很显然，员工看到领导的坚决态度之后，就会回去认真想方法了。第二天，员工推门而入的时候，就会一脸自信地说："我一共找到了5个解决问题的方法。昨天晚上，我跟团队的伙伴一起商量到11点，觉都没睡好。"

这时候，领导就要鼓励一下，说："辛苦了！你们非常棒！"接着，面对这 5 个方案，领导不能直接讲出自己已经看中的哪一个，而是要先让员工讲出自己觉得哪个方案最好，并要给出理由。

当员工讲出了方案和理由之后，如果这个方案并不是最优方案，领导就可以讲："这个方案很有创意，证明你们确实动了不少脑筋。同时我想说的是，假设遇到以下情况，该怎么办呢？"换句话说，此时领导就要通过问一些启发性的问题，让员工自己思考，而不是直接说出答案。聪明的员工会恍然大悟，明白这个方案不是最好的。于是，领导就可以接着问："那么剩下的 4 个里面，你觉得哪个方案最好呢？"员工想了想，说："要这么说的话，我觉得第五个方案最好，我的理由是……"就这样，一直到最后员工终于说出了领导认可的答案。此时，领导就可以站起来说："我非常赞同你的看法，就按你说的去办吧。"员工听到这句话，会立刻感觉自己非常有能力。为什么？因为他突然明白："以前我一直是找领导要答案，搞了半天，现在的方法是我找的，决定是我下的。以往都是领导叫我怎么做，我就怎么做，这次是领导同意我的看法。看来我已经成长了很多啊，以后再遇到事情，我要自信点，不用来麻烦领导了。"

就这样，一个越来越自信、有勇气独立完成工作任务的下属就慢慢培养出来了。而且，由于方案是他想的，决定是他下的，执行的时候肯定力度是最大的。这才是一个良好的培养下属的沟通过程。

谁背黑锅？

当然，在现实中，员工即使按照领导认可的方案去做，可能事情还是做砸了。这时候下属来汇报，领导又应该怎么回应呢？

下面我们来看一个错误的沟通方式。

看到下属沮丧的样子，领导就一脸不耐烦地问："当初解决问题的方法是不是你想的？"员工说："是的，我带着其他几个伙伴一起想的。"领导接着再问："最后的方案是不是你挑的？"员工说："是的。"于是，领导开始暴跳如雷地喊："那你还来找我干什么？这都是你的责任，是你的原因造成的。"听到这句话，员工一下子明白了："当初我问你怎么办的时候，你就是不告诉我答案，让我自己去想和决定，原来就是为了出事情时让我背黑锅啊！以后我再也不自作聪明了，还是你让我怎么干，我就怎么干吧，免得又吃不了兜着走。"

这样的沟通，只会让员工从此消极懈怠，不愿意再主动去思考和解决问题了。

正确的做法，肯定不是当事情做砸的时候领导就推卸责任，让下属当"背锅侠"，而是充分展现领导的担当精神和宽广胸怀。

因此，领导可以这样跟员工说："虽然当初方案是你想的，最后决定也是你下的，不过我作为领导也同意了，我同意就代表我已经授权你执行方案，你才有权力这么做。所以，你放心，责任在我。现在，我们来一起想想办法，研究下一步到底怎么办，争取让损失降到最低吧！"

当需要承担责任的时候，管理者要主动承担起来，员工就会意识到这是一位很有担当的领导，不仅会感动，还能激发出他们修正错误、解决问题的更大的勇气，可谓一举两得。

良药苦口

上面案例中的沟通方式虽然不那么直接，效果却不错，但现实中太

08 普通反馈——"没错，也不怎么对"

过直接的沟通即便是"良药"，也可能是苦口的。

一个人做错事情的时候，如果我们直言不讳地告诉他："你错了，你这样下去将来肯定要栽跟头……"这是一种直截了当的表达方式，虽然说的是事实，甚至起到了一定的警醒作用，但是由于过于直接，没有任何铺垫，容易给对方造成逆反心理。指出问题者的用心是好的，但是这种方式却让人不易接受。

比如，领导到办公室看到有个员工在玩手机，就警告说："要是再让我看到你玩手机，我就对你不客气了！"你认为他听到后心里接受度会高吗？

比如，员工迟到了，领导就施加压力，严厉地说："你老是迟到，将来肯定没前途。"这句话好像有点道理，问题是员工听到之后心里会这样反驳："怎么啦？迟到几次就没前途啦？人家很多大公司都没有考勤，不照样发展得很好？"

比如，很多家长喜欢对自己的孩子说："你就知道玩，天天不好好学习。我告诉你，读不好书，将来肯定考不上好大学，考不上好大学就找不到好工作，找不到好工作就挣不到钱，手里没钱到时候连媳妇都娶不上。"孩子听完心想："说的都是什么呀？不想听。"于是，家长的警告丝毫不起作用。

我们很容易忘记一点就是，在沟通的时候不能完全靠讲道理，道理再正确，也需要有很好的让人容易接受的表达方式。就像良药一样，即便对身体好，但如果药太苦了，吃进去很困难，病人就会不愿意吃。只知道一味用苦口的道理去警告、批评，这样的沟通只会让沟通对象"恶心、反胃"，甚至直接拒绝"服药"，很明显这是一种低级的、不明智的方式。

仅表抱歉

之前的案例，讲述的基本都是领导如何与员工沟通。其实，要想有良好的沟通氛围，不仅领导需要学会沟通技巧和方法，员工善于对上沟通也十分重要。

举例来说，当员工做错事情的时候，究竟应该如何与领导沟通呢？是不是"仅表抱歉"就可以了呢？

答案是：仅仅说抱歉不是不行，但却不够好。为什么？原因在于员工没有理解领导此时的四个心理需求。

需求一：员工仅说对不起，他弄清楚错误带来的影响了吗？

需求二：员工仅说对不起，这次的损失就能弥补回来吗？

需求三：员工仅说对不起，下一步就不用采取行动了吗？

需求四：员工仅说对不起，怎样保证下次不会再发生同样的事情呢？

因此，我们说"仅表抱歉"是不够的，至少要对以上四种心态一一做出准确的反馈。做错事的员工正确的沟通方式应该是："我知道因为我的失误给您的工作造成了很大的影响，甚至有些损失无法挽回，接下来我会加倍努力作出补偿，同时向您保证，回去后我就深刻反省，查漏补缺，让类似的错误不再发生。"

朱佳峰是一位聪明灵活、成熟稳重的人。有一次公司组织集体旅游，没想到他竟然迟到了，所有人都在大巴车上等他。当他终于小步跑上车的时候，马上对着大家连连拱手作揖，充满歉意地说："让大家久等了，耽误了大家的宝贵时间，影响了旅游行程，实在是我的罪过，下次一定注意。各位想怎么罚就怎么罚，是唱歌还是做俯卧撑，我完全接受。"

听完这番话，所有人都觉得他迟到也不是什么大事了。朱佳峰又接着补充说："等会儿我先在群里发个红包，表达一下对大家的歉意。"很明显，最后大家不但原谅了他的迟到，还对他为人处世的方法表示敬佩。

盲目照做

除了"仅表抱歉"，员工在与领导沟通时还容易犯一个错误——"盲目照做，仅按对方的表面意思回答"，这就是人们日常生活中常说的"听话不听音"。由于不明白对方的真实意图，所以这样的反馈往往进不到对方心里。

有一个十年未见的老同学来到你的城市，你当然要请他吃饭。当你问他："老同学，想吃什么？"同学说："咱俩不用见外，随便吃一点行了。"请问这个"随便"是什么意思？如果你说："随便啊，那我们就一人来一碗拉面吧。"这样好吗？肯定不好，人家千里迢迢来见你，你就请人家吃碗面？"随便"的真实意思是："老同学，我不知道你现在的情况，你就根据自己的消费能力，尽最大的努力招待我就行了。你要问我，那就是随便。"

所以，我们听话时一定要听话听音，这一点在职场中更要谨记。

比如，员工跑去跟领导说："经理，我妈从外地过来看我。她老人家第一次来大城市，我不太放心，所以要去车站接一下。您看我今天能不能提前半小时下班？"

此时，领导用一种不确定的口吻说："行吧！"听话不听音的员工一听，就会笑逐颜开，连说几声"谢谢经理"，然后迅速跑出公司。领导看着员工远去的背影，心想："他到底理解我的意思了吗？"

为什么领导明明"同意"了员工的请求，却用犹豫的口吻表达呢？既然答应，何不干脆一点呢？领导心里在想什么？这些问题，都是我们在听到领导的回答时，需要仔细思考一下的。换句话说，一个善于沟通的员工就会辨识一下，而不是盲目照做，听话不听音，转过身就跑了。

其实，领导心里在想："公司规定五点半下班，不过你既然来找我了，而且是去车站接自己的母亲，她还是第一次来这个城市，我不能一点人情不讲，特批一下是可以的。只是我如果答应得太爽快了，以后你或者别人都轻易找个理由就要提前下班，那管理不就失控了？另外，我早上让你写的计划书到现在还没给我，现在你提前下班了，那你的工作怎么安排啊？"正是由于有这些念头，所以领导才会带着犹豫的口吻回答员工。

此时，聪明的员工就要善于体察领导的心思，听出他话里有话，就应该主动把以下信息反馈给领导，对他说："经理，是这样的，今天的情况确实非常特殊，要不然我不会跟您提这个要求。您放心，以后不会再发生这样的事了。另外，您早上安排我写的计划书，现在确实还没写好。我是这么打算的，现在我提前下班去接我妈，主要是不放心她。晚上我回家后加班继续写，一定高标准完成好。明天一早上班的时候，这个计划书肯定就放在您的办公桌上了。您看这样行吗？"领导听完这些，就完全放心了，立即会笑着说："我知道了，那你赶快去接你母亲吧，顺便代我向她问好！"领导为什么一下子就这么客气了？因为员工满足了他所有的内心需求。

只顾"自叙"

上面的案例同时也说明了另外一个沟通的禁忌——不能完全"自叙"以满足自我需求，这是一种"自私"的沟通方式。只顾自己讲话过瘾，不给别人说话的机会，结果人家再也不想跟你聊了。有些人往往在"分享欲"的驱使下，说起来没完没了，殊不知对方早已不耐烦到极点了。

很多年前，我和一个老同学小红从上海坐火车回家过年。我们坐的是绿皮火车，车程需要 6 个多小时。这位初中同学是一位校花级美女，平时也爱说爱笑。能跟她一起回去，我当然很高兴啊。精神亢奋的我思维敏捷、妙语连珠，一路把她逗得笑声不断，半节车厢的人都被吸引了。

下车之后我们准备各回各家，临分别时，我想趁热打铁，把关系再推进一步。问她："明年我们还一起回家好吗？"其实我心里知道答案的，今天车上这么开心，她一定会说"好的"，那我就再约她春节后一起回上海，到上海以后请她吃顿饭，然后……

没想到她的回答截然相反，她告诉我："明年我可不跟你一起回家了！"这完全出乎我的意料，简直太意外了！感觉自己心里备受打击，我觉得很不甘心，硬着头皮问："为什么呀？"这位女同学直言不讳，毫不留情地回答："一路上都是你在说话，都是你在出风头，老是把我的话打断，一点讲话的机会都不给我。"看我目瞪口呆的样子，她似乎并不解气，接着又说了一句："跟你这种人一起聊天，真是很没意思啊。"说完扭身就走。

原来如此，我回忆车上的场景，好几次当她张口想要说话时，我又开始说了。这么一回想，感觉那个场面简直是"惨不忍睹"啊。估计这次回家旅程的后半段,她其实一直都在忍耐我,而我竟然一点都没有察觉到。现在还厚着脸皮问她为什么,真是愚蠢到家了。如今这么多年过去了,我连她在哪里都不知道了。

因此,当一个人只知道"自叙以满足自我需求",只顾着自己讲得过瘾、讲得痛快,没有照顾到对方同样有表达的需求时,后果是非常严重的,弄不好会影响自己一生的命运。

试卷 8

一、选择题

1. 公事公办跟什么都不办相比是中性词，跟好好办事相比是____。
    A. 褒义词　　　B. 贬义词　　　C. 赞美　　　D. 批评

2. 出差回来见到老婆的第一句话最好是____。
    A. 老婆我这次在外面好开心哦　　B. 老婆饭做好了没
    C. 老婆我回来了　　　　　　　　D. 老婆你辛苦了

3. 出差回来见到下属首先应该说____
    A. 你们工作完成得怎么样？　　　B. 听说有些人工作干得不错啊！
    C. 趁我不在偷懒了吧？　　　　　D. 兄弟们，想死你们了！

4. 在这个世界上，你迟迟搞不定的事情，总有人很快就能解决。两者之间差的是两个字：____。
    A. 用心　　　B. 努力　　　C. 学习　　　D. 准备

5. 调教员工，让员工自己想方法，做决定，是为了____。
    A. 让员工知道自己几斤几两　　　B. 自己不用承担责任
    C. 培养员工独立做事的能力　　　D. 等事情做砸了让员工背黑锅

6. 当你"仅表抱歉"的时候，忘记了____。
    A. 这次的责任你是否要承担　　　B. 对方是否需要你说对不起
    C. 说对不起的时候是否真诚　　　D. 对不起多说几次才有用

7. 员工有问题问你，你不要急着回答。而是反问他：____？
    A. 你觉得自己说清楚了吗　　　　B. 你怎么不早说
    C. 你干吗来问我　　　　　　　　D. 你觉得该怎么办

8. 只顾自己讲过瘾，不给别人说话的机会，这是一种____的沟通方式。

　　A. 自我　　　　B. 自大　　　　C. 自信　　　　D. 自私

二、理解题

你去财务部报销，开口第一句话应该说什么？

GAO QING
SHANG GOU
TONG

09

好的反馈——"使对方觉得被了解"

情绪配合

第三种是"好的反馈",主要表现为准确辨认并反馈出对方重要而明显的感受,使对方觉得被了解,愿意继续交流其感受。

比如,当一个人急匆匆来到你面前,语速很快地跟你说事情,他"重要且明显的感受"是什么?是他"急匆匆"的,所以你首先要从情绪上配合他——他着急,你不能不紧不慢。你需要做出一副非常重视的姿态,神情专注地听他描述事情。你的这些反应,会给他带来极大的心理安慰。即使你心里清楚,他平时就是个一惊一乍的人,你还是在第一时间,从语言、语气和行为上配合他,表现出同等重视的样子,而不能依据自己的经验和心情,不管对方多么着急,就用惯常的语气说:"慌什么慌?有什么大不了的事情,值得这么惊慌失措?""你这个人就是这样一惊一乍,这么慌能解决问题吗?话都讲不清楚。"如果你这样说话,他就会发现你一点不理解他,再加上你说出这种指责的话,很容易就让他情绪暴发了。

此时,正确的做法是,一边在情绪上配合他,一边在第一时间给对方吃下定心丸,果断地说:"看得出来这件事很紧急,对你来说很重要。你放心,你先讲清楚怎么回事,我马上告诉你下一步怎么办。"哪怕当你听完他的描述,发现情况没那么严重,事情根本没那么着急,依然要这么做。只要第一时间在情绪、行为上配合好，你就成了他眼里最"善解人意"的人。

当一个人情绪激烈的时候，我们最好不要立刻给他泼冷水，不然起到的作用就会是火上浇油。一般情况下，我们需要做的是，迅速把自己的情绪转变为跟对方同频。对方看到我们关切的样子，马上就知道我们与他"感同身受"，清楚他最在乎的是什么。

当我们给别人打电话的时候，可以以"热情"开场，因为你不知道对方是什么样性格的人，如果是熟人，你不知道他当时是什么状态。因此，统一以"热情"开场准没错，人们不会讨厌状态良好、态度热情的人，起码找不到讨厌的理由。这叫"以不变应万变。"

紧接着，我们就需要通过对方说话的语言、语气和表达方式，判断出他当前的状态，把自己调整到跟他一样。他的语速慢，你的语速就放慢；他的语速快，你的语速就加快。如果你始终保持自己一贯的说话风格，语速慢的人会对你说："你讲话那么着急干什么？慢慢讲不行吗？"语速快的人会跟你说："能不能长话短说，不要这么慢条斯理的？"这就叫作"瞬息万变"。

我们知道，"小人物"总是靠一种性格走天下，"大人物"却基本没有性格，或者说他有千万种性格，随时需要什么性格，就展现什么性格。见到妻子儿女，他就柔情似水；见到谈判对手，他就圆滑机智；见到下属，他就会拥有大将风范。这告诉我们，沟通时需要根据对方的状况调整自己，道理很简单：人们对跟自己行为模式类似的人都有似曾相识的感觉，心理上就会自然而然地产生亲近感，沟通也就顺畅多了。

09 好的反馈——"使对方觉得被了解"

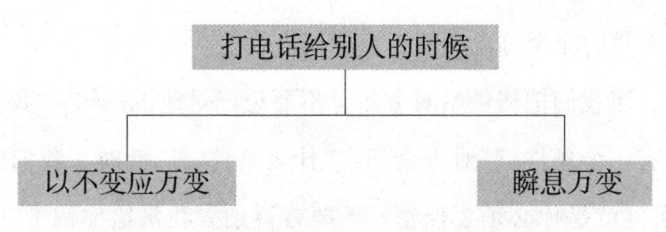

图36　以热情开场，再从情绪上配合对方

借钱心理

如果一个朋友来找我们借钱，我们究竟应该借还是不借？如果要借，我们该怎么讲？如果不借，又该如何说？为什么现实中有的人把钱借给别人了，别人还挺恨他？相反，有的人没有借钱给别人，人家反而感激他。产生这种反差的关键原因，其实就在于你是否善于运用同理心的方式进行沟通。

我们需要弄清楚的问题是：一个找人借钱的人心里通常会想什么？

答案无非三种：第一，希望借到钱；第二，希望出借者借得爽快一点；第三，希望借的时候不要问太多。在现实生活中，我们最讨厌的就是那种问了半天问题，到最后却说"没钱"的人。既然没钱，还问那么多干什么？

因此，只要弄清楚了借钱者上面三种心理需求之后，要想在同意借钱的情况下，让对方对自己心存感激，或者至少不要恩人变仇人，就只需要再做好如下三件事情就可以了。

第一，弄清楚对方的人品是否值得信任？如果信得过，就不要问太多，简单问一下表示关心就行了。

第二，了解对方是否愿意打借条。如果对方愿意，而且人品也值得信任，那么我们完全可以爽快一点把钱借给他。

第三，当我们把钱借给对方后，不要忘记对他说一句："我可以借给你，不过有一个条件。"对方会问："什么条件？"此时，我们就应该告诉他："条件就是你必须要保密，不要告诉别人我借给你钱了。"对方听完，当然会连连点头，表示答应。

实际上，上面这个问题的意思是："我们不会跟别人说你借钱这件事，更不会把借钱的原因宣扬出去，将来要是有人知道了有关这方面的事情，肯定不是我们说出去的。"

当然，真正的沟通高手在借钱给对方之后，还会说上这样一句暖心的话："是我不好，最近对你关心太少了。要不是你今晚来找我，我还真不知道你最近发生了这么多事情。让你的困难拖了这么久还没解决，实在是不应该啊！"既然都借钱给对方了，再说几句暖心的话又何乐而不为呢？

怎样拒绝？

上面讲的是同意借钱的情形，如果我们不愿意借钱给对方，应该如何拒绝呢？

比如，一个跟你关系很好的朋友，晚上9点来到你家中，开口就要借10万块钱。此时此刻，他"重要且明显的感受"是什么？第一，他是逼不得已，以他的个性，不到万不得已是不会开口借钱的，因为他是一个自尊心很强的人；第二，他是冲着你俩的关系来的，认为你在有能力的情况下，只要他开口，你就不会拒绝；第三，他的心情沉重，肯定是遇上难事了。

做完这样的分析之后，我们需要结合自己的实际情况来采取下一步行动了。很明显，这是一个很好的朋友，如果我们手头宽裕，借钱不在话下，义不容辞。但是，我们恰好最近手头比较紧，应该怎么办？

显然，我们不能简单直接地告诉对方"没钱，借不了"，就冲着对方如此看重彼此的友谊这一点，我们也不能这么做。否则，对方会非常失望，甚至会损伤你们良好的朋友关系。但是，我们又不能打肿脸充胖子，硬着头皮借钱给他，所以我们还是要选择委婉的拒绝。

首先，拒绝必须及时，目的是让对方早一点知道我们的情况，方便他尽快另想办法。换句话说，拒绝要快，只是这个"快"字不是毫不遮拦，直接就告诉对方"我比你还穷，你再想其他办法吧"，一句铺垫和解释都没有。我们一定要在处理好对方心情，理解了对方感受的前提下，第一时间告诉对方我们满足不了他。而且，在情绪上我们要跟他一样沉重，并通过语气和神态体现出来。

然后，我们可以诚恳地跟他说："老兄，我知道，如果你不是碰到难事，不会这么晚来找我借钱的。我也不问你到底发生什么事情，你这么有骨气的人，不会毫无来由的。你来找我就是信得过我，把我当兄弟看。"这样讲话，是为了把对方内心的想法全部表达出来，让他知道，你完全知道他的内心世界和内心感受了。

接着，你就可以说出自己的真实意思了。"说实话，凭我们之间的关系，你只要一开口，我就应该马上借给你，不过这一次要让你失望了，在你最需要帮助的时候，我竟然帮不上你。要不是你侄子、我儿子想在上海买房，我把钱全部给他打过去了，现在也不至于这么束手无策。唉！我实在是太无能了，你说咱哥俩的事怎么就碰到一起来了呢？"

看着你为难的样子，他反而会安慰起你来："兄弟，你别这样。没有

高情商沟通

就没有，事情这么巧，那是没办法的事情。今天晚上，你就当我没来过好了。没关系，我还有其他办法，你不用为我担心。"他心里虽然很遗憾，但却对你没有怨恨。

最后，你一定要送他出门，送得越远越好，路上还要谈谈心，再帮他出出主意。比如，你可以跟他说："虽然我没有钱借给你，不过我知道，咱们同事××最近炒股赚了不少钱。今天太晚了，明天我帮你了解一下，如果可以的话，到时候我告诉你，你再去找他。"这时候，你即使没有借钱给他，他不仅不怪你，心底的感激之情已经油然而生了。

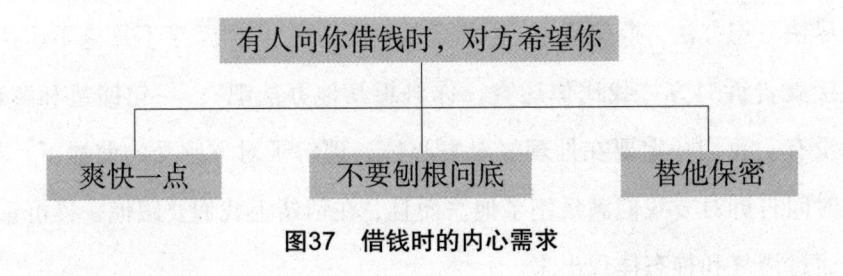

```
       有人向你借钱时，对方希望你
      ┌──────────┼──────────┐
   爽快一点      不要刨根问底      替他保密
```

图37　借钱时的内心需求

吃"定心丸"

现在，假设我们遭到了他人的拒绝、否认和批评时，正确的沟通方式又应该是怎样呢？

比如，有人在你的店里买了件衣服，回去以后发现有瑕疵，过来找你退货，你该怎么与他沟通？按照上面讲过的方法，我们首先要辨识出他此时此刻"重要且明显的感受"，并且全部满足他。

一般来说，在这种情况下，顾客都会比较生气，内心会有些激动，因为他的时间被耽误了，还得劳心费力来退货，真麻烦。同时，心里会有点慌，因为担心商家不承认错误，不愿意承担责任。在这种心理的驱使下,他一来到店里,就会先在气势上采取咄咄逼人的方式,想以此压制住商家。因此,他们开口就是抱怨:"你家的货怎么质量这么差啊!买条裤子回去,竟然发现上面有个洞,这种事情都会发生,耽误我多少时间,今天下午本来还有个会议要参加呢!"

此时,假如你想都没想就回答:"不会吧?"你这句本来无意抵赖的话,在双方缺乏信任的前提下,犹如火上浇油,引起对方的强烈反弹。他会马上大声说:"什么叫不会吧?难道我是来没事找事的吗?"作为顾客,此时心里原有的担忧似乎得到了验证,他肯定要提高音量跟你理论。如果此时你见他高声叫嚷,就马上给他贴上一个"神经病"标签,带着火气针锋相对地说:"喊什么喊?有问题我们给你解决就行了,怎么一上来就像要吃人似的?"这肯定不行,接下来双方就会陷入争吵。

有人会问,此刻能不能采取"公事公办"的方式呢?也就是说,当我们看到顾客咄咄逼人时,觉得不能示弱,于是板起脸跟对方说:"如果衣服确实有问题,根据我们公司的规定,可以给你换一条。"这种沟通方式也是行不通的,因为对方一听可能更生气了,不依不饶地说:"什么?换一条就行了?知道你们浪费了我多长时间吗?我本来下午要去参加会议的,这下都给我耽误了……"可见,这样也是不行的。

面对眼前的状况,服务人员首先要辨识出顾客"重要且明显的感受"是心中的担忧,害怕店家不给退换,不肯承担责任。因此,此时良好的反馈和沟通方式就是让他吃下"定心丸"。比如,你完全可以用同理心的方式把意思传达给对方,情绪上配合他,态度热情,语速加快一些说:"您花了这么长时间,又辛苦您跑了一趟,真是十分抱歉。您放心,我们再一起好好看看这件衣服,到底是哪里出了问题。我们是一家负责任的店铺,如果是商品质量问题,一定会承担责任的。"这句话既没有承认是商品质量问题，也没有明确表示是退还是换，但是却可以起到很直接的作用，就是让顾客把心放到肚子里，这是他"重要而明显的感受"。同时，对他被耽误了时间、多花了精力，我们也表达了歉意。为了让他彻底放心，还可以说得再明显一点："我们绝不会耍赖的，如果是我们的问题，我们肯定会给您一个满意的答复，不会找任何理由推脱。"

很显然，这种让对方吃"定心丸"的方法会在瞬间增加对方的信任感与安全感，沟通的平台就搭建好了，接下来的事情就好处理多了。事实上，这种沟通方式也符合很多商家"让顾客满意"的企业文化理念，在面对顾客拒绝、投诉和批评时，让顾客满意的不仅仅是处理结果，还包括在处理过程中让顾客早早吃下"定心丸"的沟通方式。

满足当下

实际上，如果我们仔细观察，就会发现上面讲到的这些沟通方式具有一个共同特征，那就是在面对沟通对象的各种负面情绪反馈时，我们处理问题的关键必须落在"满足当下"上面。换句话说，沟通中真正问题的解决反而在其次，先让对方当下的需求，尤其是心理情绪上的需求得到满足。

比如，患者或患者家属在治疗的过程中，精神高度紧张，内心总是很敏感的。在沟通中，医生稍微有些想得不周全的地方，患者或者家属就会觉得被冷落，甚至认为医院服务态度不好。其实，患者这种心理是很正常的，关键就看医生如何去沟通。

当患者或者患者家属询问病情的时候，医生首先在情绪上一定要配合，在语言、语气和表达方式上表现得明显一些，这会给他们极大的安慰。让他们知道，医生完全理解和重视他们，而不是强行让他们冷静。他们真正需要的，恰恰是当时那种内心的焦急和担忧情绪得到释放，从而满足他们急迫的治疗需求。

所以，先"满足当下"，再处理问题，不失为一种良好的反馈方式。

最佳回应

沟通是双方互动交流的过程，当有人跟你说话时，要给予积极的回应。

所谓积极的回应，最好的方式就是能够符合以下特征：只坐椅子的前1/3，身体稍微前倾，不要靠在椅背上；打开笔记本，拿着一支笔，凝神专注，边听边做记录。这样做，可以让沟通对象觉得我们的态度很好，听得很认真，这可以很好地激发他的沟通兴趣。

此外，我们还需要带着微笑，眼睛看着对方。当然，我们不能一直盯着看，因为当盯着对方的时间超过整个谈话时间的60%时，我们给对方的感觉会是："我对你说的话没有兴趣，但是对你这个人有兴趣。"

我们一边听，一边还要频频点头，嘴里可以念念有词："对，是的，真的不错，你说得太好了，我怎么就没想到呢，难怪你这么聪明，不愧是这方面专家，真是听君一席话胜读十年书，今天这次沟通真是太有收获了，真是茅塞顿开，醍醐灌顶！"

类似的话要不断地说，在对方停下来的时候，还要问："然后呢？"这种积极的回应，就是鼓励对方多说，让对方畅所欲言，说到尽兴。

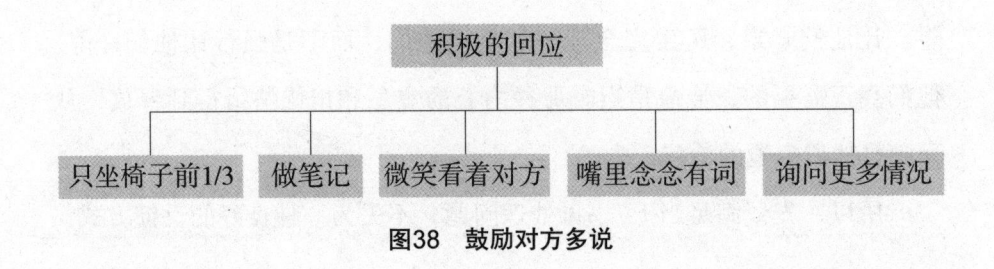

```
                    积极的回应
        ┌─────────┬─────────┼─────────┬─────────┐
    只坐椅子前1/3  做笔记  微笑看着对方  嘴里念念有词  询问更多情况
```

图38　鼓励对方多说

万能公式

　　积极的反馈方式不仅包括善于说，而且包括善于听。在同理心沟通中，这种沟通方式被称之为"热情倾听"。

　　日常生活中，尤其是在一些重大场合上，我们发现那些交流中说个不停、见人就要合影的都是小人物。掌握主动权的都是话少的人，正所谓"听者为王"。大人物一般不说话，别人希望他说几句，他反而会拒绝，再三推辞，实在推却不了了，才上台讲几句，而且最多说三点，绝不多讲。他们更喜欢的，恰恰不是说，而是倾听。

　　现实生活中，很多人在听别人说话时，却在做其他的事情；轮到自己讲话时，却顾左右而言他。其实，人们时常在倾听之前就已经形成了自己的意见，想好了自己想要说的内容；在倾听之前或者听到整个事情之前，就已经下定了如何去做的决心。所以，别看他们表面上一副全神贯注的样子，其实是在"假装聆听"。有时候是在边听边想自己的问题，找对方说话时的停顿，不时插进自己的看法。当认为自己想好答案时，就停止倾听了，并且要急着说话。

　　我们常说"用双耳来说服别人"，可见多听比多说更有用。每次跟人沟通，都要认真聆听。把对方当成你的恋人，他说的每一句话，你都

09　好的反馈——"使对方觉得被了解"

能听得非常耐心。

这就是为什么处于恋爱中的人，常常聊起来就没完没了的原因，我们身边陷入爱情中的两个人都在"热情倾听"。很多时候，两人聊天的时间不知不觉就过去了，甚至觉得美好的时光总是短暂的。那时候，不管对方说什么，另一方都愿意听。只要是你在跟我说，我都喜欢听，说什么不重要，这就叫"热情倾听"。

当别人跟你说话时，始终保持热恋般的热情，倾听他讲的每一句话，这就是倾听的最高境界。做一个好的听众，愿意找你倾诉的人就越来越多。一旦有什么事情，你就是第一时间知道的人。而不是恰恰相反，全世界都知道了一件事，就瞒着你一个人。管理者的最大的悲哀是，下属要离职了，所有人都早已知道，而你直到他开口提出来时才明白。为什么会发生这种情况？因为你从来不是一个好的听众，不愿意耐心听完下属说的每一件事情。久而久之，谁还愿意跟你说呢？

倾听有一个万能公式，叫作"哦，是吗"。当别人说完一句话，你不知道怎么回答时，就可以说一句："哦，是吗？"这句话的意思是"你想说什么，我已经准备好认真倾听了，你说吧"。比如有人跟你说："我准备离职了。"你不知道该怎么回答，就可以说"哦，是吗"，意思就是"你说说看，为什么要离职？我准备好了，我会耐心听你说"。当你准备好认真倾听的时候，接下来的沟通就能顺畅进行了。

全部认同

另外一个问题：是不是对方说任何话，我们都可以用"认同"来回应呢？答案是肯定的。

不论对方说什么，我们都可以用认同的方式把话接过来。有人跟你说："哇，你长得好帅哦！"你可以表示认同地说："谢谢！你眼光真好！"如果有人跟你说："你这件事做得太差劲了！"那你该怎么回答？你要是说"你才做得差劲"，两个人不就吵起来了吗。你一样可以用认同的方式进行回应，你可以说："我非常理解你的心情，如果我是你，遇到这种情况，心里一着急，也可能会说出这样的话。"你不跟他计较，用认同的方式回应，就不会陷入低级的争吵中了。

跟对方谈判，你说一句，对方就点一次头，他的回应始终是"嗯，是，好，我明白，我知道……"你以为谈判很顺利，对方什么都接受，可以签合同了。谁知此时对方跟你说："不，我不同意……"如果你认为对方一直都在点头，就觉得这表示对方同意了，那就大错特错了。因为对方点头只是一种认同的沟通方式，并没有表示可以最终签署合同。

用认同的方式进行沟通，就是这个原理。你可以有很多方式表示认同：用目光认同，用欣赏、鼓励的目光看着对方；用微笑认同，表达善意、欣赏和尊重；用肢体语言认同，握手、拍肩、拥抱，都是给对方的肯定。其中，用肢体语言认同，是关系密切的表现。

为了避免针锋相对，需要找到对方能够认同的地方进行沟通。哪些地方可以认同呢？你可以认同对方的行为、动机、心情、情绪……总之，认同一切可以认同的部分。

这里需要注意，用认同的方式沟通，不代表彼此的立场完全一致。比如，你可以跟他人说"你说得很有道理"，但有道理不代表一定有用，有道理不代表适合目前的情况。你还可以说"我理解你的心情"，但这并不代表你认同对方的行为。你也可以说"我了解你的意思"，但这并不代表你会照着对方的意思去做。同样的，"感谢你的建议"不代表采纳你的建议,"我认同你的观点"不代表我的观点是错的,等等。这样表示认同,并没有失去我们自身的立场与原则,而只是为了让沟通不立即陷入尴尬的僵局。

相敬如宾

在沟通中,始终注意礼节性要求,就是好的反馈方式。所谓礼节性要求,就是我们要多用一些礼貌用语,如"请、您、谢谢、再见、对不起、请原谅、谢谢配合、没关系、别客气、您早、您好、晚安……"

有人会说,这样沟通是不是太过于礼貌,甚至显得太客气了?之所以会这样问,是因为我们希望沟通能最终达到"亲密无间"的状况,彼此之间似乎不再需要使用上面这些"礼节性"的客套话了。

这种希望自然没有错,但它却忽略了很重要的一个事实:一般来说,一段关系到了亲密无间的地步时,就会开始走下坡路了。最亲密无间的关系,一般会出现在热恋的人之间,两人天天腻在一起,好得跟一个人似的。但是这种亲密的感觉不可能一直保持,一般只能维持两三个月,关系就会逐步"冷却",这个冷却不是分手,其实是更加冷静和理性了。

真正更为持久、稳固的关系,恰恰不是这种亲密无间,而是古人常说的那句"举案齐眉,相敬如宾"。当然,举案齐眉常用来形容夫妻之间的关系,对于家庭以外的人,我们不需要举案齐眉,但相敬如宾还是有必要的。换句话说,就是待对方像贵宾一样,做到尊重、礼貌和周到,而不是轻慢、无礼与随便。正是基于这个原因,上面那些"礼节性"沟通方式,就十分必要了。

良好的服务

礼节性沟通的一个常见运用方式,也就是一种好的反馈方式是良好的服务。

比如,在日常生活中,老婆跟老公说:"你口渴吗?"老公回答:"你口渴了吧?我去给你倒水。"一句话,就点出来老婆"重要且明显的感受",这是好的反馈方式。或者当老婆说完这句话,老公立即把手机放下,冲进厨房端过来一个托盘,上面有一杯咖啡、一杯牛奶、一杯白开水和一杯茶。老公对老婆说:"总有一款适合你。"这样做,老婆会满意吗?其实,这样做既不现实,老婆也不会满意。因为她心里会想:"跟你在一起这么多年,连我现在想喝什么都不知道,平时的关心都是假的吗?"如果老公直接去厨房端来一杯牛奶,温度适中,加糖少许,跟老婆说:"我知道你看电视的时候,就想喝一杯这样的牛奶。"老婆一定心里甜蜜蜜,这就是"良好的服务。"

当然,此刻老公的意愿是"想要给老婆倒水"。如果此时老公的意愿是不想倒水,那么好的反馈方式应该是什么呢?老公可以说:"老婆,你渴了吧?你看这样好不好,我这会有点重要的事需要处理一下,你自己去倒水吧,好吗?"也就是以商量的口气、建议的方式、柔和的语调告诉对方自己的想法,给对方最大的尊重,同时也希望尊重能够换来理解,对方自然会接受的。

在公司里,如果有客人来访,怎样接待算是"良好的服务"呢?当然要先辨识客户的心理感受和需求。如果是第一次来访,客户可能会遇到路途遥远、路线不熟、路上堵车、停车位难找、电梯间隔时间长等问

09　好的反馈——"使对方觉得被了解"

题。"公事公办"型处理方式就是对以上情况视而不见，见到客户就问："你找谁？有什么事？有预约吗？"然而，好的沟通却会首先辨识出对方因为以上因素造成的心理感受，给予适当的反馈。比如，工作人员可以用"三米微笑"的方式迎接对方，然后主动打招呼："您好！您辛苦了！请问有什么可以帮您的？"等问清楚客户来访的目的之后，就可以带他到接待室休息，一路上还要做一些针对性的沟通："第一次来我们公司，感觉这里不太好找吧？路程远不远？堵不堵？外面那么热，真是辛苦您啦……"这些都是对方心里想说的，我们都要一一点到。客户见我们如此体贴入微，就开始倾诉起来，因为此时他已经感受到了"良好的服务"，自然愿意敞开心扉，后面的沟通就会更加流畅自然了。

试卷 9

一、选择题

1. 当一个人急匆匆来到你面前，叽里呱啦跟你说事情，他"重要而明显的感受"是____。

    A. 急匆匆　　　B. 叽里呱啦　　　C. 有事情　　　D. 不耐烦

2. 打电话给别人，可以以____开场。

    A. 幽默　　　B. 笑声　　　C. 热情　　　D. 问话

3. 借钱给别人，沟通时不要____。

    A. 神神秘秘　　　B. 客客气气　　　C. 刨根问底　　　D. 问他原因

4. 来投诉的顾客，最担心商家不认账，你需要第一时间给他____。

    A. 讲清楚道理　　　　　　B. 说清楚理由

    C. 给他赔偿方案　　　　　D. 吃下"定心丸"

5. 当别人跟你说话时，要给予____。

    A. 热烈的鼓掌　　　　　　B. 认真的倾听

    C. 积极的回应　　　　　　D. 适当的提问

6. 沟通的万能公式是____。

    A. "你说得太好了"　　　　B. "你真行啊"

    C. "真的吗"　　　　　　　D. "哦，是吗"

7. 当有人跟你说"我知道你是为我好"，这代表____。

    A. 他会按你说的做　　　　B. 他不会按你说的做

    C. 他知道了你是好心　　　D. 怪你盲目对他好

09 好的反馈——"使对方觉得被了解"

8. 两个人关系要想长长久久，相处的方式是____比较好。

  A. 亲密无间 B. 清清白白 C. 同甘共苦 D. 相敬如宾

二、理解题

  为什么对方说任何话，我们都可以用"认同"来回应？

GAO QING
SHANG GOU
TONG

10

高明反馈——"意想不到、喜出望外"

超乎想象

第四种反馈方式是高明的反馈方式,其主要表现为:指出对方未表达或未完全表明的潜台词与感受,使对方非常乐意接受,达到双方心灵相通、高度默契,产生知音知己的感觉。

有人过来办事,见到你马上递上一支烟,嘴里说:"你好!你抽烟吗?"此时该怎么反馈呢?错误的反馈方式是看都不看对方一眼,抱着胳膊,用下巴指向墙上。对方往墙上看过去,原来那里贴着几个字——禁止吸烟。如果这个人是个敏感的人,马上就会觉得你在刁难他。

而此时"没错,也不怎么对"的方式则是陈述事实,礼貌一点的人会说:"不好意思,这里禁止抽烟。"语气严厉一点的人则会警告说:"在这里抽烟要罚款的!"这自然也不能产生好的沟通效果。

至于好的反馈方式,则是辨识出对方"重要且明显"的感受,对方是想和你建立好的沟通基础。吸烟虽然有害健康,办事场所也禁止吸烟,但你可以说一声"我不抽烟,谢谢",并点头表示谢意。

当然,此时高明的反馈方式则是把对方想说又不好明说的意思表达出来,让对方有惊喜的感觉。你可以说:"谢谢,我不抽烟。你有什么事情,尽管跟我说好了。"你的回答不仅有礼貌,而且打消了他的顾虑。你的态度这么好,让对方有些出乎意料的惊喜感。

在医院里，患者要做手术了，家属给医生送红包。医生应该怎么反馈呢？如果医生说"对不起，我不能收红包"，说完转身就走。家属心里会想："完了，红包都不收了，看来情况不太好！不知道这个医生会不会尽心尽力？"如果医生说："是这样的，我们作为医生，是不会收任何人红包的。你们的心情我非常理解，请你放心，不收红包我也会尽职尽责，全力把手术做好，绝对不会受影响。"这就是高明的反馈方式。

有一次，正好在国庆节期间，我的办公室安装网络，电信公司的工作人员辛苦了半天，终于完成了。不过，工作人员走出去不到10分钟，我就发现还有一个小问题需要解决，于是马上给他打电话。当时外面的天气很热，看着他满头大汗地赶回来，我就把抽屉里面的一包香烟递给他。结果，这位工作人员微笑着说："张总，您打电话让我回来，这是职责所在。我们有规定的，不能接受客户任何礼物。您放心，别说这次您让我回来，就是等会儿弄好了以后，您再发现什么问题，直接打电话就行，不要有任何顾虑。这是我们应该做的！"听完这番话，我不由得有些感动了，这就是高明反馈产生的良好效果。

喜出望外

如果顾客在你的柜台挑了半天东西，最后什么都没买。有些顾客心里会想："这位工作人员这么耐心，我却因为没有十分满意的商品而空手离开，反倒有些不好意思了。"也有些顾客会这样考虑："虽然你很耐心，可我还是很失望，你们这么大的店，竟然没有一件我十分中意的东西。"此时，顾客并不指望你还能为他着想，站在他的角度思考问题。没想到你却毫无怨言，这样跟他说："真的很不好意思！耽误了您的宝贵时间，没有满足您购买的需求。如果因此耽误了您的事情，我就真的太过意不去了。"同时你还要真诚地鞠躬，礼送顾客离开。此时的顾客，心里面会不会有些感动呢？

如果你是一名店员，对前来退货的顾客都保持欢迎的态度，并感谢他的光顾。大概这位顾客对你也是有惊喜感的，更何况你可能在他临走时，还要赠送一个礼物表示歉意。

我常常会问一些人，在服务客户的时候，能不能做到让客户满意？得到的回答一般都是可以做到，问题是你的竞争对手同样可以做到。因为让顾客不满意的企业，要么已经倒闭了，要么快要倒闭了，所以我们做事的标准应该是"满意还不够，要制造惊喜"。

同样，在出现问题时，不要等顾客指出来了，你才去积极解决。到了那个时候，你解决得再好，客户也只是满意。应该做到以下两点：一是防患于未然，提前就做好很多事情，让问题不会出现；二是不要等顾客指出问题时才恍然大悟，你要永远保持比客户提前一步发现并解决问题的能力。这叫"服务在开口之前"，这才算最高境界。

越简单越有效

实际上，要想做到喜出望外，沟通双方必须要产生心有灵犀的默契。只有默契的两人之间，才能真正达到说你想说、做你想做。

有一天，狗和猫一起在路上散步。突然，走在前面的猫不小心掉到了一个洞里。狗伸头向下望时，猫就跟它说："你赶紧去找一根绳子来。"狗听了以后马上去找绳子，找到后又来到洞口，问猫下一步该怎么办？猫说："你可真笨，快把绳子扔下来啊！"狗慢慢腾腾地说："哦，知道了。"说着就把绳子全都扔了下去。猫看到狗竟然把绳子全扔了下来，气得破口大骂："气死我了！你怎么回事？谁叫你全部扔下来的？你得抓住绳子的一头啊！"狗知道自己做错了，被骂了也不以为然，心想："猫比我聪明百倍，还是听它的吧。"没等猫反应过来，狗已经跳下洞来，抓住绳子的一头，等着猫下一步的指示了。猫还能说什么呢？不仅坐到了地上，还不停地扇自己的耳光。它知道，这不是狗的错，因为狗没有理解自己的话，谁叫猫和狗之间没有默契呢？

然而，问题真的出在这里吗？答案是否定的。要知道，真正的心有灵犀和默契，完全可以通过良好的沟通来达成。比如，上面那只猫就可以换一种沟通方式。它需要明白，"把绳子扔下来"这句话是有风险的，有可能被理解成其他意思。

在沟通中，我们经常遇到这样的情况，明明讲得已经很清楚了，为什么对方的理解就是跟我不一样呢？另外，对方还一肚子怨气，较真地说："我的理解没有错，你就是这么说的。你让我把绳子扔下去，我就立即扔下去了，现在还来怪我。"那么，要如何才能避免这种彼此误解的情形，从而让沟通更有效呢？

人与人之间本来就不同，对同一件事情的理解不一样，这很正常。因此，在我们表达自己的意思时，最高明的方式恰恰不是把话说得越复杂越好，而是一定要清晰、简单。换句话说，说出来的话要简单到让别人只能有唯一的理解。比如，上面那只猫如果表达得更明确些——你抓牢绳子的一头，把另一头扔下来。狗就不会犯低级错误了，哪怕它只告诉狗自己想要的结果——你现在把我拉上去——狗同样不会做错事。

为了让沟通没有歧义，一个高明的沟通方式就是直接告诉对方你要的结果。至于具体怎么做，对方自己会思考。这个故事同时告诉我们另一个十分实用的道理：在与人沟通的时候，你得把对方当成没有默契的人，用最简单的语言把心中想法表达出来。

高度默契

领导接待来宾，跟助理说："给王总倒杯水。"假如你是助理，应该怎么做？错误的反馈方式是：端过来一杯滚烫的开水，没轻没重地放到王总面前。"没错，也不怎么对"的反馈方式是：微笑着端过来一杯茶水，然而忘记了续杯。过后领导问："让你倒水，你怎么倒的？"助理回答："你让我倒水，我不是倒了吗？""那你怎么不知道续杯呢？""你没说啊！"非得人家说清楚，否则就不知道怎么做才好。其实，领导吩咐下属做事，说得简单一些是常态。领导的时间是有限的，聘用下属就是为了节约领导自己的时间。如果凡事都需要领导讲得非常清楚，下属才知道怎么做，这样的下属怎么能得到重用？

因此，比较好的反馈方式是先仔细询问："王总，请问您喜欢喝什么？""我想喝可乐。""对不起，我们没有可乐。"这样肯定不行，不能问这种开放式问题，而要根据公司的实际情况问选择题。王总是中年人，一般喜欢喝茶，于是可以这样问："王总，给您泡一杯茶可以吗？您喜欢喝红茶还是绿茶？"确认好之后再去倒茶，轻轻地放在他的面前，微笑着说一声："请慢用。"然后，后退一步，轻轻转身离去。离开时，要做到悄无声息，不要影响领导的谈话，而且看似离开了，其实还时刻关注着，以便适时地过去续杯。等双方沟通完毕，助理要第一时间出现在领导身边，一起送王总离开。因为可能领导只会送到电梯口，吩咐助理继续送，帮着按电梯，陪王总下楼，找到停车位，给王总开车门，等王总坐稳后跟他挥手告别，直至他所乘的车在拐弯处消失，才停止挥手。助理回到办公室，还要立即收拾刚才招待的物品，整理好后跟领导汇报，听候安排。

助理做了这么多事情，领导只说过一句话——"给王总倒杯水"，这就叫默契，这才是"心有灵犀"。以后，领导连这句话都省略了，不同的客户过来，一个眼神，助理就知道泡什么茶，如何招待，把工作做到极致。

实际上，优秀的助理不是一来就是这样的，默契是经过几个月磨合才培养出来的。助理刚来时，领导吩咐任何事情，都要求她做到令自己满意为止。如果她不知道做成什么样领导才会满意，那么在做之前一定要先问清楚。任何一件事情，都可以先问清楚"什么时间内完成、做好的标准是什么"。

做事之前，一定要先"问"。领导说："你去把白板擦干净。"助理千万不要急着去做，而是要先问清楚："现在去擦吗？您一会有什么会议安排吗？"这叫"事前问清楚，事后担责任"。领导表面上会说："怎么什么都要问我？"心里其实挺高兴，至少你懂得问清楚之后再做事。3个月时间里，助理问了800个问题，每个问题都问得清清楚楚，做得明明白白，做到领导满意。

举例来说，快中午的时候，领导把一个员工叫到他的办公室，问："吃饭了吗？"员工该怎么回答？错误的反馈方式是不怎么耐烦地回答"没有"，这不够礼貌。"没错，也不怎么对"的反馈方式是陈述事实，仅按对方表面意思回答："还没吃，正准备去吃呢。"听到这样的回答，领导本来想继续说话，但又变得有些犹豫了。因为领导心里想的是"我其实不想知道你有没有吃饭，现在有事需要你去办，而且希望你马上就去"。因此，好的反馈方式是体会到领导"重要而明显"的感受："领导，您是有事找我吧？"高明的反馈方式比这个更进一步，让领导有一种遇到知音知己、喜出望外的感觉，你可以说："领导，我还没吃。不过没关系，我早饭吃得多，现在正好不饿。您说吧，有什么事情，我先去办了再吃。"领导一定会面带微笑地说："哎，饭还是要吃的，身体是革命的本钱。这样吧，你赶紧去帮我把这个事办了。办完之后，马上去吃饭，一定要好好吃饭！"

语言转换

高明的沟通方式中还包含了"语言转换"，也就是说，在沟通中，有些词汇如果转换一下，听起来感觉会好很多。

下面就是一些语言转换的案例。

"帮助"换成"协助"。前者有居高临下的感觉，后者却给人以支持感，态度更加谦和。"我是来帮助你的"和"让我来协助你吧"，这两句话的感觉很不一样。

"你、你们"换成"我、我们"。后者的语意非常亲近，拉近双方的距离，大幅提升尊重感、信任感、安全感，让对方觉得大家就是自己人。在上台分享的时候，如果你说"今天我到你们这里，跟你们分享一些东西"，或者说"今天我到咱们这里，跟所有在场的伙伴们分享一些东西"，哪种说法更亲近一些呢？

"应该"换成"询问"。前者比较强硬、负面，隐含着谴责的意思，容易让人产生反感。后者比较柔和，能让对方感受到尊重。孩子写完作业后你让孩子再检查一遍，你可以说"你应该每次写完作业都检查一遍"，也可以换成"你每次做完作业都要检查一遍，那样会更好，你说呢"。

"必须"换成"解释"。换后的结果就是对方不会觉得你过于强硬，而且更能理解你。"我现在必须要回家了"可以换成"我家里还有很重要的事情，现在真的需要回去了"。

"但是"换成"同时"。"但是"的转折意思太明显，改成"同时"后这种感觉会小一点，让对方心里的波澜小一些，听起来舒服一些。领导跟下属说"你的工作做得不错，但是做完之后一定要及时汇报"，就会让下属觉得自己的努力白费了；如果领导说"你的工作做得不错，同时要注意做完之后及时汇报，那就更好了"，这么说肯定能激励下属越干越好。

"为什么"换成"是什么"。"为什么"有质问的意思，容易产生对立；"是什么"就是给对方台阶了，比较尊重对方，让沟通的氛围轻松一些。比如，下属迟到了，领导可以问："是什么原因让平时表现这么优秀的小张今天也迟到啦？说说看，什么原因？"带兵容易带将难，带"兵"说话可以直接些，带"将"就要小心。当我们看中对方是个人才，就要处处显示出尊重，一般人才都是有个性的，需要你的包容、信任，并满足内心的"尊重感"。

"我尽可能"换成"我可以"，就是把不确定的回答变成肯定的答复，因为不确定的回答会让对方心里不踏实。领导吩咐你去机场接一下客户，一定要准时。你回答说："好的，我尽可能。"这下领导就不放心了，"尽可能"是什么意思？连个准时都保证不了？你要说："我知道了，我一定准时到，您放心。"必须要给领导一颗定心丸，至少在接受任务时，你主观意识上是有信心和决心的，否则人家没办法把事情交给你。

"说明情况"换成"陈述结果"。前者是讲过程，可对方更想知道的是结果。你有一份报告不能按时上交了，跟领导说："报告今天不能给您了。"领导一定会问："那什么时候能给我啊？你怎么回事啊？怎么这么慢？还能给我吗？"面对这些疑问，你不如直接说："领导，报告要明天才能给您，您早上到办公室之前，我就会放在您办公桌上了，您看可以吗？"同样是要表达今天不能交报告这个意思，但是领导马上知道能拿到报告的确切时间，情绪上会轻松一些。而且，你是以请示的口气说的，这种"尊重感"领导能够感受到。

"我明白您的意思，都是销售部那帮家伙出了问题……"换成"我明白您的意思，您放心，我们是一家负责任的公司，这件事情具体是销售部负责的，我通知他们赶快跟您对接"。公司打开大门做生意，所有人都是一致对外的。对于客户来说，不需要了解究竟是销售部还是哪个部门负责，总之就是你们公司的。客户找过来了，就要第一时间给予解决，不能相互推诿浪费对方时间。

不要说"不可能"，没有什么是不可能的。一个人如果言过其实、过于绝对，听众就会产生逆反心理，不会给予友善回应。

不要说"绝不"，这样说话带有情绪，是会伤害感情的，而要让拒绝听起来像答应一样。

不要说"闭嘴"，这是很不礼貌的，也表示自己控制不好情绪，没有素养。此时，可以换成"真的很抱歉，看来我不得不打断您一下"。

不要说"你别管"，无论如何，别人是准备来帮你的，而你却过于冷漠地拒绝了，等你再有困难需要帮助的时候，别人也不敢来了。你可以换成"谢谢，这一次就让我自己解决吧"来回应。

不要说"你怎么还不明白"，而要说"可能是我没讲清楚，我再讲一遍，看这一次能不能让你好理解一些"。

不要说"不用解释了，我不想听你解释"，一定要给人家解释的机会，每个人都有表达自己想法和意见的权利，这是沟通平等性的表现。

对事不对人

在沟通中，指出对方问题时，要对事不对人。

这里的"人"指的是一个人的个性，或者说是一个人的特点或品质。"对人"可能让对方产生误解、抵触和对立。

张尹有一次迟到了，陈正作为主管过去问他："你是哪里人？"虽然有些莫名其妙，可张尹依然回答说："我是××人。"陈正马上说："我说你怎么又迟到了呢，我就知道，你们××人最爱迟到了。昨晚我就在想，如果今天有一个人会迟到的话，那个人一定是你。果然没错，你真是没让我失望！我知道跟你说这些没用，说了你也不会改，以后你还会迟到的。"

这就是典型的针对"人"来沟通，不仅针对张尹一个人，已经针对某个地域的人了。

对事不对人的"事"指的是行为，也就是一个人说了什么、做了什么。"对事"比较客观、准确，让人容易接受，因为我们沟通时要从事实出发，以事实为依据，这是处理各种问题的基础。实际上，"事实"是沟通中最不令人反感的内容。

张尹迟到，陈正处理时可以先问："你知道今天的会议时间是9点吧？"张尹回答："是的，我知道。"陈正继续问："据我了解，你是9：05才到的，是这样吗？"张尹说："是的。"这时候陈正说："那么你今天应该是迟到了。"张尹回答说："是的。"接下来，就可以根据事实进行处理了，处理完后再进行教育。至于张尹是哪里人，跟这次迟到没有任何关系，他之前迟到的事情，之前已经处理和教育过了，就不要翻旧账了。

至于他以后还会不会迟到，主管要给予信任，千万不能预告似的给出否定的看法，那既不是事实，也不够尊重人。

给建议，不给主张

"主张"带有命令的成分，容易引起反弹。对方心里会想："干吗非要听你的？"以建议的方式，充分表达了尊重，对方就好接受多了。

比如，开会时，我们想要让一个人站起来，主张的方式是"你站起来一下"，这是要求，也像命令。人家照顾你的情绪，可能也会站起来，只是如果你每次都这样讲话，迟早会引起大家的反感直至抵触。而建议的方式则是"请你站起来一下，好吗？谢谢"，你的姿态很低，很尊重人，意思也说得很清楚。久而久之，你在大家心中的印象会越来越好，也更有领导力。

再比如，领导说："开会的时候大家要记笔记。"很多人会按领导说的做，但也有少部分人心里会想："我就不记，你能把我怎么样？"此时，如果领导说："一边听课，一边记笔记，这样学习效果会更好，你觉得呢？"所有人都会认同这个建议。

我曾遇到一个担任会务总监的高管，有一次他安排两个员工布置会场。午饭后，他发现会场横幅的右边有点低了，马上就说："你们两个来看一下，这个横幅右边起码低了10厘米，一看就是斜的，马上把它调整过来。"两个员工忙了一上午都很累了，领导上来就指责，心里的"不安全感"陡然升起，于是很不高兴地说："右边低了吗？低一点点也没什么关系吧，这个横幅很难挂的，要不你来试试看。"这番话弄得这位总监下不了台。

之后，再遇到同样的事情，他因为吸取了教训，就会客气地说："两位辛苦了！这会议室昨天还乱七八糟的，今天让你们一整理，整齐多了！来喝点水吧。"一边说着，一边递过去两瓶矿泉水。两位员工也会笑着走过来，一边喝水一边陪领导说话。过了一会儿，他装作不经意的样子说："你们看一下，这个横幅如果右边再往上提10厘米的话，看上去是不是更好一些，你们说呢？"两个员工内心的尊重感得到了满足，心情自然不错，能够很容易接受领导指出的问题，于是同时回答："是的，领导就是领导，眼光就是不一样，一眼就看出问题来。这样吧，现在吃饭时间也到了，领导你先去吃饭，我们一会儿就改过来，肯定不耽误下午的会议。"会务总监心里很高兴，赞许地说："好的，我相信你们，肯定能搞得很好。这样吧，等会儿弄好之后马上去吃饭，我先去给你们安排好饭菜。"两位员工得到了领导的信任，工作起来也更有干劲了。

三明治沟通法

"三明治沟通法"充分给予对方尊重感、信任感和安全感，所以用这种方法沟通，就会取得比较好的预期效果。在运用"给建议，不给主张"的方法时，我们还可以结合"三明治沟通法"。也就是当我们准备指出对方问题的时候，可以先给对方适当的肯定和赞美，然后再指出对方的问题，在得到对方积极的回应后，要表示支持和信任。

比如，下属上班迟到了，主管怎样去沟通？主管可以先用几句话肯定他近期工作上的表现，再问他是什么原因导致今天上班迟到。当对方愿意承担责任并承诺以后会做得更好后，主管就可以向他表达信任，相信他不是一个随意迟到的人，不会辜负领导的期望。

再比如辞退员工时，如果不做好顺畅沟通，就容易产生纠纷。因此，需要专门安排一个场面，或者请吃一顿饭。在沟通前，主管可以先做一下铺垫："还记得5年前的那个冬天吗？那天雪下得很大，你独自一人来公司报到，是我接待的你。刚见你第一面，我就觉得你很有才华，感觉你非常聪明、大度、有修养。果然没错，这几年你在公司里表现得非常不错，而且我发现你在有些事情上很有见解。另外，也非常感谢你这几年对我工作的配合支持。"

在寒暄铺垫之后，主管就可以切入正题了，可以开门见山地说："由于公司目前财务状况不太好，出于对公司及你个人负责任的原则，公司准备请你另谋高就。"很明显，这是高风险的话题，所以主管应该马上补充说："我了解你的为人，知道你肯定有一些不理解，但你一定会很快调整好自己的状态，投入新的工作中。如果有别的需要，尽管找我。"

这样沟通的结果就是：对方即使情绪上有些抵触，也会慢慢接受。此时主管应当感谢他的理解、赞赏他的大度，相信他在以后的工作中会有更好的发展。

试卷10

一、选择题

1. 有人过来找你办事,给你递了根烟,他的心思是____。

    A. 单纯向你示好

    B. 希望你主动热情地帮他解决问题

    C. 对你礼貌

    D. 尊重你

2. 老婆口渴了,让她有惊喜感的做法是____。

    A. 让她赶紧自己去倒水

    B. 端过来一杯咖啡、一杯牛奶、一杯白开水,让她选

    C. 给她一包薯片

    D. 没等她开口,你就已经把水倒来了

3. 沟通时,要把"但是"换成"____"。

    A. 同时　　B. 可是　　C. 可能　　D. 并非

4. 沟通时,要把"为什么"换成"____"。

    A. 做什么　　B. 是什么　　C. 为了什么　　D. 怎么了

5. 沟通时,要把"我尽可能"换成"____"。

    A. 我知道　　B. 我的责任　　C. 我愿意　　D. 我可以

6. 沟通时,要对事不对人,"人"指的是____。

    A. 表情　　B. 条件　　C. 个性　　D. 心情

7. 我们要给建议不给主张,因为主张的方式有点像命令,建议的方式比较____。

A. 尊重人　　　B. 理解人　　　C. 团结人　　　D. 强硬

8. "三明治沟通法"是先肯定，再____，最后表示信任。

A. 说出原因　　B. 欣赏　　　　C. 指出问题　　D. 赞美

二、理解题

领导把你叫到他办公室，问你有没有吃饭，他真实的想法是什么？